小生意大智慧

新创企业
管理培训
中心

组织编写

美
意
生
而
小
的

餐饮店

化学工业出版社

·北京·

内容简介

《小而美的生意·餐饮店》一书系统梳理了开设一家餐饮店的各个环节，旨在为新创业者提供全面的指导和参考。从经营前的市场分析到经营中的问题解决，再到经营后的策略调整，本书将帮助创业者迅速从入门到精通，轻松打造属于自己的、独具特色的小门店。

本书内容丰富，具体包括市场分析与定位、店铺选址与装修、开业筹备与宣传、食材采购与储存、菜品开发与管理、员工配置与管理、顾客接待与服务、食品安全与卫生、成本控制与管理、价格策略与促销、外卖运营与管理、持续发展与扩张等。

本书内容实用性强，着重突出可操作性，是一本非常实用的开店指导手册和入门工具书；本书文字图表化，简化了阅读难度，提升了阅读效率；本书适合创业者、上班族，以及对开店感兴趣的读者阅读，可以让读者掌握应知应会的开店知识。

图书在版编目（CIP）数据

小而美的生意．餐饮店 / 新创企业管理培训中心组织编写．-- 北京：化学工业出版社，2024.9. --（小生意大智慧）. -- ISBN 978-7-122-45941-1

Ⅰ．F719.3

中国国家版本馆 CIP 数据核字第 2024SN7482 号

责任编辑：陈　蕾　　　　　　　　　装帧设计：溢思视觉设计／程超
责任校对：田睿涵　　　　　　　　　　E-mail: isstudio@126.com

出版发行：化学工业出版社（北京市东城区青年湖南街 13 号　邮政编码 100011）
印　　装：三河市双峰印刷装订有限公司
880mm×1230mm　1/32　印张 6¾　字数 154 千字
2024 年 9 月北京第 1 版第 1 次印刷

购书咨询：010-64518888
售后服务：010-64518899
网　　址：http://www.cip.com.cn
凡购买本书，如有缺损质量问题，本社销售中心负责调换。

定　　价：39.80 元　　　　　　　　　　　　　版权所有　违者必究

开家小店，投资小，见效快！

在电子商务蓬勃发展的今天，小而美的生意模式既适合实体店运营，也能轻松拓展至线上平台，成为年轻人投资创业的热门选择。此类项目以其投资少、回报高的特点，备受青睐。

小而美的生意模式，顾名思义，其投资成本相对较低，风险较小，且经营方式灵活多变。这种模式对启动资金要求不高，降低了创业门槛，使更多人有机会参与其中。同时，由于专注于某一细分市场或特定需求，它们的市场风险相对较低。经营者可根据市场变化灵活调整经营策略，保持业务的灵活性。虽然规模较小，但通过精细化的管理和优质的服务，这类小店往往能实现稳定的收益，并在激烈的市场竞争中脱颖而出。

然而，经营小而美的生意并非易事，需要创业者具备敏锐的市场洞察力、创新精神和卓越的管理能力。这些能力并非人人天生具备，但通过学习和实践，每个人都可以逐渐掌握。

为此，我们特组织了一线从业人员和培训老师，编写了《小而美的生意·餐饮店》一书，本书系统梳理了开设一家餐饮店的各个环节，旨在为新创业者提供全面的指导和参考。从经营前的市场分析到经营中的问题解

决，再到经营后的策略调整，本书将帮助创业者迅速从入门到精通，轻松打造属于自己的、独具特色的小门店。

《小而美的生意·餐饮店》一书内容丰富，具体包括市场分析与定位、店铺选址与装修、开业筹备与宣传、食材采购与储存、菜品开发与管理、员工配置与管理、顾客接待与服务、食品安全与卫生、成本控制与管理、价格策略与促销、外卖运营与管理、持续发展与扩张等。

本书内容实用性强，着重突出可操作性，是一本非常实用的开店指导手册和入门工具书；本书文字图表化，简化了阅读难度，提升了阅读效率；本书适合创业者、上班族，以及对开店感兴趣的读者阅读，可以让读者掌握应知应会的开店知识。

由于作者水平所限，不足之处敬请读者指正。

编　者

目录

第
12
章

持续发展与战略规划　／ 193

第1章

市场解码与定位新风尚

关键词：
了解需求
科学分析
精准定位

在筹备开设餐饮店之际，深度剖析市场趋势与精准定位显得尤为关键。唯有细致洞察消费者的需求动态与竞争格局，方能制定出既契合市场需求又独具特色的定位策略与实施规划。这一举措将助力餐饮店在竞争激烈的市场中独树一帜，实现稳健且长远的业务增长。

【要点解读】 ▶▶▶ ------------------------------

1 市场洞察：趋势捕捉，先人一步

在开设餐饮店之前，对客户需求进行深入的分析是十分重要的。通过对客户需求的深入分析，餐饮店可以更好地把握市场动态，为开店前的准备工作提供有力指导。在后续的经营过程中，也可以根据客户需求的变化不断调整和优化经营策略，以满足客户的期望并提升餐饮店的市场竞争力。

如表1-1所示的是关于开店前客户需求分析的主要因素。

表1-1　客户需求分析的主要因素

序号	主要因素	具体说明
1	口味与饮食偏好	（1）地域特色：分析目标市场的主流口味，如辣味、清淡、酸甜等，以及当地人对特色食材的偏好 （2）饮食文化：考察目标市场是否有特定的饮食文化或习惯，如早餐文化、夜宵文化等 （3）健康饮食：随着健康意识的提高，越来越多的人关注饮食的营养和健康。了解客户对健康食材、低脂、低糖、无麸质等饮食需求
2	消费习惯与预算	（1）消费频率：分析目标客户的用餐频率，如日常用餐、商务宴请、朋友聚餐等 （2）消费时段：了解客户的用餐时间偏好，如早餐、午餐、晚餐或夜宵 （3）消费预算：确定目标客户群体的餐饮消费预算，以便制定合理的价格策略
3	用餐环境与氛围	（1）装修风格：分析客户对餐厅装修风格的偏好，如现代简约、复古风、田园风等 （2）私密性：考察客户对用餐私密性的需求，如包间、卡座等 （3）氛围营造：了解客户对餐厅氛围的期望，如轻松愉悦、浪漫温馨等
4	服务需求	（1）服务质量：客户对服务员的礼貌、专业程度、响应速度等方面的期望 （2）个性化服务：分析客户对定制化菜品、特殊饮食需求等方面的需求 （3）便利性：了解客户对线上预订、外卖服务、移动支付等便利性服务的需求
5	文化与社交需求	（1）文化交流：分析客户是否希望通过餐饮体验了解不同的文化或传统 （2）社交活动：考察客户是否将餐厅作为社交活动的场所，如生日聚会、公司团建等

2 目标客群：精准画像，锁定需求

餐饮店在开店前进行市场规模分析有助于商家了解市场的整体情况，预测未来的发展趋势，判断市场的容量和潜在商机。

2.1 评估目标市场的餐饮行业总规模

首先，要收集和分析行业报告和数据，了解整个餐饮行业的市场规模、增长率和发展趋势。这些数据可以来自权威的市场研究机构、行业协会或政府部门。餐饮店开店前需通过对比分析过去几年的数据，来洞察市场的增长潜力和可能的变化趋势。

2.2 关注目标市场的细分情况

根据消费者的年龄、性别、职业、收入水平等因素，将市场划分为不同的细分市场。针对每个细分市场，分析其市场规模、消费习惯和潜在需求。这有助于商家更准确地定位目标客户群体，制定更有针对性的营销策略。

2.3 分析竞争对手的情况

了解竞争对手的市场份额、经营策略、菜品特色等，有助于商家评估自身的市场地位和竞争优势。同时，通过观察竞争对手的营销策略和顾客反馈，可以获取市场趋势和消费者需求的线索，具体如表1-2所示。

表1-2 竞争对手分析

序号	分析要素	具体说明
1	直接竞争对手识别	（1）附近餐厅：调研周边地区的其他餐厅，包括同类型的餐厅以及可能吸引相同目标客户的不同类型餐厅 （2）品牌知名度：注意那些在当地或更广范围内具有较高品牌知名度和影响力的餐厅
2	分析竞争对手的优势与劣势	（1）菜品特色与口味：分析竞争对手的菜品种类、特色及口味，了解他们是否拥有独特的招牌菜或受欢迎的菜品 （2）服务质量与环境：观察竞争对手的服务态度、服务质量以及餐厅的装修风格和氛围，这些都会影响客户的用餐体验 （3）价格策略：比较竞争对手的价格水平，了解他们的定价策略以及是否有优惠活动或会员制度 （4）营销策略：分析竞争对手的宣传推广方式，如线上广告、社交媒体营销、口碑传播等
3	分析竞争对手的市场定位与目标客户	（1）市场定位：了解竞争对手的市场定位，如高端、中端或大众市场，以及他们的目标客户群体 （2）目标客户需求：分析竞争对手如何满足其目标客户的需求，包括菜品选择、服务质量、价格等方面
4	分析潜在竞争对手与替代品	（1）新开业餐厅：关注未来可能开业的餐厅，及其可能带来的新的竞争压力 （2）替代品：考虑其他形式的餐饮替代品，如外卖、便利店食品等，它们可能抢占的部分市场份额

2.4　考虑市场增长驱动因素和制约因素

分析推动市场规模增长的因素，如人口增长、消费升级、政策支持等；同时识别可能制约市场发展的因素，如成本上升、竞争激烈等。这些因素将影响商家的经营决策和市场定位。

生意经

市场规模分析是一个持续的过程。商家在开店后仍需密切关注市场动态和竞争态势，定期更新和分析市场数据，以便及时调整经营策略，应对市场变化。

3　产品定位：匠心独运，缔造传奇

明确目标客户群体是市场定位的关键。餐饮店需要根据市场调研和数据分析，确定自己的目标客户。这将有助于餐饮店更好地了解目标客户的需求和期望，从而为他们提供符合其口味和预算的餐饮体验。

3.1　确定目标客户的特征

基于市场调研和数据分析的结果，确定目标客户的特征，包括年龄、性别、职业、收入、教育程度等人口统计特征，以及消费习惯、口味偏好、用餐频率、消费预算等消费行为特征。

3.2　细分目标客户群体

进一步细分目标客户群体，以便更精准地满足他们的需求。例如，可以根据消费者的口味偏好将目标客户分为喜欢辣味、清淡口味或特色口味等不同群体；也可以根据用餐场合将目标客户分为商务宴请、朋友聚餐、家庭聚餐等不同群体。

3.3　了解目标客户的需求和期望

深入了解目标客户的需求和期望，包括他们对菜品、环境、服务等方面的要求。这有助于餐饮店在开店前制定精准的产品和服务策略，以满足目标客户的期望。

如表1-3所示的是对目标客户群体进行分析的分析步骤和考虑因素。

表1-3　目标客户群体分析步骤和考虑因素

序号	分析步骤	考虑因素
1	确定目标客户的基本特征	（1）年龄与性别。分析目标客户群体的年龄分布和性别比例，这样有助于了解他们的消费习惯、口味偏好以及社交需求 （2）职业与收入。了解目标客户的职业背景和收入水平，有助于预测他们的消费能力和消费频率 （3）地理位置。分析目标客户群体的居住或工作地点，以确定店铺的选址是否合适，以及是否需要提供外卖或送餐服务
2	研究目标客户的消费习惯与偏好	（1）口味偏好：通过市场调研和顾客反馈，了解目标客户对于菜品的口味偏好，如辣度、甜度、咸度等 （2）用餐场合：分析目标客户在不同场合下的用餐需求，如商务宴请、朋友聚餐、家庭聚餐等，以便提供多样化的菜品和服务

序号	分析步骤	考虑因素
2	研究目标客户的消费习惯与偏好	（3）消费频率与预算：了解目标客户在餐饮方面的消费频率和预算，有助于制定合适的定价策略和促销方案
3	分析目标客户的心理需求	（1）价值感：目标客户是否注重餐厅的品牌、声誉和服务质量，他们是否愿意为高品质的产品和服务支付更高的价格 （2）体验感：目标客户是否重视用餐环境的舒适度、氛围以及服务的专业度，他们是否期望在餐厅获得独特的用餐体验 （3）社交需求：目标客户是否希望通过在餐厅用餐来拓展社交圈子或加强与朋友、家人的联系
4	评估目标客户群体的竞争态势	分析竞争对手的目标客户群体，了解他们的定位、优势和劣势。这样有助于餐饮店在开店前制定差异化的经营策略，以吸引目标客户并提升市场竞争力

3.4　调整经营策略以适应目标客户

根据目标客户的特征和需求，调整餐饮店的经营策略。例如，如果目标客户主要是年轻人，可以考虑引入时尚、新颖的元素，提升店铺的吸引力；如果目标客户注重健康饮食，可以推出更多健康、有机的菜品。

 生意经

市场环境和消费者需求是不断变化的，餐饮店应持续关注目标客户群体的变化，并根据实际情况调整经营策略。同时，通过客户反馈和数据分析，不断优化产品和服务，提升客户满意度和忠诚度。

4 品牌塑造：独树一帜，魅力四射

4.1 常见的开店模式

如表1-4所示的是几种常见的餐饮店开店模式及其特点。

表1-4 常见的开店模式

序号	开店模式	具体说明
1	直营模式	是指餐饮企业直接经营门店。该模式的优点在于可以完全控制门店的运营和品牌形象，保证产品质量和服务水平的一致性。同时，直营模式有利于品牌建设和推广，利润也直接归公司所有。然而，直营模式需要大量的资金投入，包括门店租金、装修等费用，风险较高。此外，直营模式需要投入更多的人力资源，管理门店的运营和人员培训等
2	加盟模式	是指餐饮企业将自己的品牌、产品和经营理念授权给加盟商，由加盟商自行运营。这种模式的优点在于可以利用加盟商的资金和资源，快速扩张规模。同时，加盟商承担经营风险，减轻了公司的财务压力。但加盟商的利润较高，公司盈利相对较低，且需要维护品牌形象的统一性和管理加盟商的运营行为
3	外卖模式	主要依赖于线上平台，通过配送服务将食品送达消费者手中。这种模式的优点在于少量或无需承担门店租金和装修费用，成本较低。同时，外卖模式可以灵活调整菜单和价格，满足不同消费群体需求。但外卖模式对配送能力和网络的要求较高，需要与第三方物流公司合作

4.2 选择开店模式需考虑的因素

在选择开店模式时，店主需要考虑如表1-5所示的因素。

表1-5 选择开店模式需考虑的因素

序号	考虑因素	具体说明
1	品牌定位	根据店铺的品牌定位和目标客户群，选择适合的开店模式。例如，高端品牌可能更适合直营模式，以保证服务质量和品牌形象；而大众化的快餐品牌则可能更适合加盟或外卖模式，以快速扩张市场份额
2	资金状况	直营模式通常需要大量的资金投入，而加盟或外卖模式资金投入则可能相对较低。店主需要根据自己的资金状况和风险承受能力来选择合适的模式
3	管理能力	直营模式需要较强的管理能力，以确保门店的运营和品牌形象。如果店主在管理方面经验丰富，直营模式可能更适合；反之，加盟或外卖模式可能更适合缺乏管理经验的创业者

不同的开店模式各有其精准的市场定位。直营模式，更适用于品牌力量雄厚、意图全面把控门店运营及品牌形象的场景；加盟模式，则对于渴望迅速扩大规模、借力加盟商资源及资金的品牌尤为契合；而外卖模式，则特别适合追求便捷服务、意图覆盖更广泛消费群体的餐饮店铺。店主在决策前，务必进行详尽的市场调研与风险评估，以确保选择出最适合自身发展的开店模式。

5 特色菜品：别出心裁，风味独特

餐饮店在开店前选择菜品特色是一项非常重要的决策，它直接关系到店铺的市场定位、顾客吸引力以及经营成功与否。

首先，进行市场调研，了解目标市场的口味偏好、消费习惯以及竞争对手的菜品特色。通过市场调研，商家可以获取关于消费者需求的宝贵信息，为选择菜品特色提供有力的市场依据。

其次，根据目标顾客群体的需求和偏好，选择适合的菜品特色与风格。这包括确定主打菜系、菜品口味、烹饪方式等。

例如，如果目标顾客主要是年轻人，可以选择一些时尚、新颖、具有创意的菜品；如果目标顾客是家庭客群，可以选择一些营养均衡、口感丰富的家常菜或特色菜品。

在选择菜品特色时，商家还需要考虑自身的资源和能力。例如，如果商家拥有独特的烹饪技艺或食材资源，可以将其转化为菜品特色，从而在市场中脱颖而出。同时，商家还需要关注成本控制和盈利空间，确保选择的菜品特色既具有市场竞争力，又能保证店铺盈利。

此外，商家还需要关注市场趋势和新兴菜品。随着消费者口味的变化和饮食文化的发展，新的菜品和烹饪方式不断涌现。商家可以关注行业动态，及时引进和创新菜品，以满足消费者多样化的需求。

6 服务策略：匠心独运，贴心入微

服务是餐饮店的重要组成部分，对于提升顾客满意度和忠诚度具有关键作用。餐饮店需要根据目标顾客的需求和期望，制定恰当的服务策略，以便形成独特的产品与服务特色，吸引更多顾客并提升品牌影响力。

制定服务策略的要点如图1-1所示。

1.深入市场调研

要对目标市场进行深入的调研，了解顾客的需求、喜好以及消费习惯。通过问卷调查、访谈顾客、观察竞争对手等方式，获取有关市场趋势和顾客期望的宝贵信息。

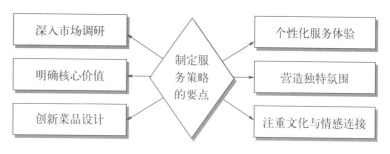

图1-1 制定服务策略的要点

2.明确核心价值

确定餐饮店的核心价值,如健康、美味、创新或传统等。这些核心价值将贯穿于整个产品和服务的设计中,形成独特的品牌特色。

3.创新菜品设计

在菜品设计上,注重创新和特色。可以引入新颖的食材、独特的烹饪工艺或融合不同的菜系元素,创造出令人耳目一新的菜品。同时,也要确保菜品的口感、营养和呈现形式都符合顾客的期望。

4.个性化服务体验

在服务方面,提供个性化、贴心的服务体验。根据顾客的需求和喜好,提供定制化的菜品推荐、节日特色服务等。同时,培训员工具备优良的服务态度和专业的技能,确保顾客在店内享受到优质的服务。

5.营造独特氛围

通过装修风格、音乐选择、灯光设置等方式,营造出独特而舒适的用餐氛围。这样有助于提升顾客的用餐体验,并使他们对餐饮店产生深刻的印象。

6.注重文化与情感连接

将餐饮店的文化特色和故事融入产品和服务中。例如，可以推出具有地方特色的菜品，或者讲述菜品背后的故事和传说。这样不仅可以增加产品的独特性，还能与顾客建立情感连接。

案例分享

××餐饮店的目标是在繁华的商业街区开设一家以传统中式菜肴为主，结合现代餐饮理念的特色餐厅。对此，投资者进行了如下的市场分析与定位。

1.市场分析

（1）目标市场确定。××餐饮店首先通过市场调研，确定了其主要目标市场为25～45岁的上班族和家庭客群。这部分人群注重餐饮的品质、口感和服务，同时对于价格和用餐环境也有一定要求。

（2）竞争对手分析。通过对商业街区内的餐饮店进行调研，××餐饮店发现竞争对手主要包括传统中餐厅、快餐店和咖啡馆等。其中，传统中餐厅的菜品口味正宗，但环境和服务相对落后；快餐店则方便快捷，但缺乏品质感；咖啡馆虽然环境幽雅，但菜品选择有限。

（3）消费者需求分析。××餐饮店进一步调查了目标市场的消费者需求。结果显示，大部分消费者对于中餐的口味和烹饪方式有着较高的要求，同时他们也期望在用餐过程中享受到舒适的环境和优质的服务。此外，随着健康饮食理念的普及，越来越多的消费者开始关注食材的新鲜度和烹饪方式的健康性。

2.市场定位

基于市场分析的结果，××餐饮店进行了以下市场定位。

（1）产品定位。××餐饮店主打传统中式菜肴，强调食材的新鲜和烹饪的精致。同时，为了满足健康饮食的需求，餐厅还提供了一系列低油低盐、营养均衡的菜品。此外，餐厅还推出了一些创意融合菜，将传统中式烹饪与现代餐饮理念相结合，为消费者带来全新的味觉体验。

（2）价格定位。考虑到目标市场的消费能力和竞争对手的定价情况，××餐饮店采用了中高档的价格定位。这既保证了菜品的品质和服务水平，又使得餐厅在市场中具有一定的竞争力。

（3）服务定位。××餐饮店注重提升顾客的用餐体验。餐厅提供了温馨舒适的用餐环境，以及专业、热情的服务。员工都经过严格的培训，能够熟练掌握各种服务技巧，确保顾客在用餐过程中享受到宾至如归的感觉。

（4）形象定位。××餐饮店在品牌形象上也进行了精心打造。餐厅的装修风格融合了传统与现代元素，既体现了中式文化的韵味，又符合现代审美标准。此外，餐厅还通过社交媒体、广告等多种渠道进行品牌推广，提升品牌知名度和美誉度。

案例点评：

通过详细的市场分析与精准的市场定位，××餐饮店成功地为开店前的准备工作奠定了坚实基础。这不仅有助于餐厅在竞争激烈的市场中脱颖而出，还为其未来的长期发展提供了有力保障。

第 2 章

店铺选址
与装修艺术

选址与装修是餐饮店成功经营的两个关键因素，选址是餐饮店成功的基石，装修能够提升餐饮店的品牌形象和吸引力。通过科学合理的选址和精心设计的装修，餐饮店可以在市场竞争中脱颖而出，从而为取得长期的商业成功奠定基础。

【要点解读】▸▸▸ — — — — — — — — — — — — — — — —

1 选址策略：繁华之地，客流如潮

一个好的选址能够为餐饮店带来更多的顾客流量和利润，而一个不合适的选址可能导致餐饮店经营困难甚至倒闭。选址直接影响到店铺的曝光度、客户群体和市场竞争力。因此，店主在选址过程中，需要综合考虑如图2-1所示的各个因素，并根据自身的经营特点和目标制定合适的选址策略。

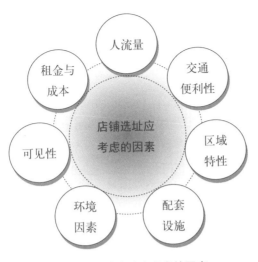

图2-1 店铺选址应考虑的因素

1.1 人流量

人流量直接关系到店铺的潜在顾客数量和营业额。餐饮店在选址过程中考虑人流量时，需注意如表2-1所示的要点。

表2-1 考虑人流量的注意要点

序号	注意要点	具体说明
1	高峰时段人流量	（1）观察并记录在目标区域的高峰时段（如午餐、晚餐时段）的人流量。这样有助于评估店铺在繁忙时段的潜在顾客数量 （2）注意分析人流量的变化趋势，如季节性变化或节假日对人流量的影响
2	目标顾客群体	了解目标顾客群体的出行习惯和偏好，以便更准确地评估人流量对店铺经营的影响。例如，如果目标顾客群体主要是上班族，那么在工作日的午餐时段，商业区或办公区的人流量可能较大

序号	注意要点	具体说明
3	周边设施与活动	（1）考虑店铺周边是否有吸引人流的设施或活动，如购物中心、公园、学校、医院等。这些设施或活动能够带来稳定的人流量 （2）关注目标区域是否有定期举办的活动或节日庆典，这些活动可能会吸引大量人流，为店铺带来商机
4	人流量的稳定性	评估目标区域人流量的稳定性，避免选择那些人流量波动较大的地方。稳定的人流量有助于店铺保持稳定的营业额
5	竞争对手分析	在考虑人流量的同时，也要关注竞争对手的情况。如果竞争对手较多且集中，那么即使人流量大，也可能面临激烈的市场竞争

1.2 交通便利性

餐饮店选址时，交通便利性是一个重要的考虑因素。它直接关系到顾客到访的便捷程度，进而影响店铺的客流量和整体经营效益。

首先，交通便利性能够显著提高顾客的到访频率。对于大多数顾客而言，选择一个交通便利的餐饮店意味着节省时间和精力。无论是自驾、乘坐公交车还是地铁，如果店铺位于交通要道或附近有丰富的公共交通线路，都能为顾客提供更加方便的用餐体验。这样一来，店铺便能吸引更多回头客，进而增加整体营收。

其次，交通便利性对于提升店铺知名度和曝光率同样具有积极作用。一个易于抵达的餐饮店，尤其是位于交通枢纽附近，如火车站、地铁站或大型公交站，能够吸引大量过往的潜在顾客。这些顾客可能原本并非特意前来就餐，但因为交通便利而选择了你的店铺，从而为店铺带来了额外的客流和曝光机会。

此外，交通便利性还有助于提高店铺的后勤保障效率。一个地处交通要道的餐饮店，可以更方便地获取原材料和食材，确保菜品的质量。同时，对于店铺的经营者和员工来说，便捷的交通也能减少通勤时间和成本，提高工作效率。

1.3 区域特性

不同区域具有不同的消费习惯、文化背景、经济发展水平和人口结构等特点，这些都会直接影响到餐饮店的客流、定位和经营策略。餐饮店选址时应充分考虑这些区域特性，以便选择符合当地市场需求、具有发展潜力的店铺位置，具体如表2-2所示。

表2-2　考虑区域特性的要点

序号	注意要点	具体说明
1	消费习惯与口味偏好	不同地区的消费者有着不同的口味偏好和消费习惯。例如，南方地区可能更喜欢甜食和海鲜，而北方地区则可能更偏爱面食和咸味食品。因此，在选择店铺位置时，需要考虑目标区域的消费习惯和口味偏好，以便提供符合当地消费者需求的菜品
2	文化背景与市场需求	区域的文化背景也会对餐饮店的选址产生影响。在一些具有独特文化传统的地区，消费者对特色餐饮的需求可能更为强烈。因此，在选择店铺位置时，可以关注目标区域的文化背景，以便将店铺特色与当地文化相结合，吸引更多顾客
3	经济发展水平与消费能力	区域的经济发展水平直接影响到消费者的消费能力。在经济发达的地区，消费者的消费能力相对较高，对餐饮的品质要求也就更高。因此，在这些地区选址时，需要考虑到当地消费者的消费水平和需求，以便制定合理的定价和营销策略

序号	注意要点	具体说明
4	人口结构与市场需求	区域的人口结构也会对餐饮店选址产生影响。例如，如果目标区域以年轻人为主，那么可以选择开设时尚、快捷的餐饮店；如果以家庭为主，那么可以考虑提供适合家庭聚餐的菜品和服务
5	区域规划与未来发展	在选择店铺位置时，还需要考虑区域的未来发展规划。例如，政府是否计划在该区域进行基础设施建设、商业开发等。这些规划将对未来的市场需求和客流量产生重要影响，因此需要提前了解和评估

1.4　配套设施

配套设施的完善程度对餐饮店的运营也很重要。餐饮店需要依赖周边设施来提供便捷的服务和满足日常运营需求。例如，稳定的电力供应和水源是确保餐饮店正常运营的基础。此外，周边是否有垃圾处理设施、排污系统以及消防设施等也是需要考虑的因素。

这些设施的完善程度将直接影响到餐饮店的卫生状况、安全保障和运营效率。

1.5　环境因素

一个优美的环境能够提升顾客的用餐体验，增加店铺的吸引力。因此，餐饮店选址时应考虑周边是否有绿化带、公园等自然景观，以及空气质量、噪声水平等因素。同时，店铺所在区域的治安状况也是不可忽视的因素，一个安全稳定的环境能够给顾客带来更好的用餐体验。

配套设施与环境会影响到餐饮店的形象和定位。如果周边设施陈旧、环境脏乱，可能会给顾客留下不好的印象，影响店铺的口碑和形象。因此，选址时应尽量选择配套设施完善、环境优美的区域，以提升店铺的整体形象和竞争力。

1.6 可见性

可见性主要指的是店铺的地理位置是否容易被潜在顾客看到。一个具有良好可见性的店铺位置，能够吸引更多的行人和车辆经过，从而增加潜在顾客的数量。为了实现良好的可见性，选址时可以考虑位于街道交汇处、十字路口、商业区等人流密集的地方，或者选择门面宽敞、玻璃窗明亮的设计，以便让顾客在远处就能注意到店铺。

1.7 租金与成本

餐饮店选址时，租金与成本是极为关键的因素，直接影响到店铺的盈利能力和长期发展的可持续性。因此，店主要评估不同地段的租金水平，确保租金成本在可承受范围内，具体如表2-3所示。

表2-3 选址评估店铺租金与成本的要点

序号	评估要点	具体说明
1	地段价值	不同地段的租金差异巨大。繁华的商业区、旅游景点或人流量大的街道往往租金较高，但也可能带来更大的客流量。而一些相对偏僻或新兴的地段，租金可能较低，但客流可能不稳定

序号	评估要点	具体说明
2	店铺位置	在同一地段内，店铺的具体位置也会影响租金。例如，位于街道拐角或临街的位置通常比内街或二楼的店铺租金要高
3	面积与布局	店铺的面积和布局也是决定租金的重要因素。面积越大、布局越合理的店铺，租金越高

在选址过程中，创业者需要综合考虑租金与成本因素，找到一个平衡点。既要确保店铺位置能够带来足够的客流量，又要控制成本，确保盈利。可以通过市场调研、实地考察和与房东或中介协商等方式，获取更准确的租金和成本信息，为选址决策提供依据。同时，也要留有一定的预算余地，以应对可能出现的风险和挑战。

 生意经

选址是一个复杂的决策过程，需要综合考虑多种因素。因此，在选址前，建议进行充分的市场调研和实地考察，以便更准确地评估店铺位置的优劣。

2 空间规划：舒适雅致，体验至上

餐饮店的功能区域划分是一个综合性的过程，旨在确保店铺空间的高效利用和顾客体验的舒适度。

2.1 前厅区

作为餐厅的门面，前厅区是顾客踏足餐厅时首先映入眼帘的景致。设计应独具匠心，凸显餐厅的独特魅力，瞬间吸引顾客驻足就餐。布局应清晰流畅，让顾客能够迅速沉浸于餐厅的温馨氛围，感受其卓越的品质。此外，精心策划的展示区也不可或缺，用以呈现餐厅的精选菜品与风味特色，为顾客提供直观的选择指南。

2.2　就餐区

就餐区是餐厅的核心区域，其设计应满足顾客的用餐需求。

首先，需要根据目标顾客群体和店铺的定位来选择合适的桌椅和排列方式。例如，对于家庭聚餐或朋友聚餐的场景，可以设置一些较大的圆桌或方桌；对于快餐或简餐的场景，则可以选择较小的桌椅或吧台座位。同时，要注意保持足够的空间距离，避免顾客之间的拥挤和干扰。

其次，布局时要考虑到顾客的舒适度和隐私性，确保桌椅符合人体工程学，让顾客在用餐时感到舒适和放松。

2.3　厨房区

厨房是餐饮店的"心脏"，厨师在厨房制作美食。厨房的布局设计需要考虑工作流程和卫生要求。要确保食材的储存、加工、烹饪和出品等环节的顺畅进行，避免交叉污染和浪费空间。同时，要注意厨房的卫生和通风，确保食品的安全和品质。

2.4　服务台/收银区

服务台/收银区是顾客点餐、结账和咨询的地方。设计时应确保其位置方便顾客到达，同时服务台的大小和布局也要考虑员工的操作便利性和美观性。

2.5 卫生间

卫生间虽然不直接参与餐饮活动，但其清洁度和便利性对顾客的用餐体验有很大影响。因此，装修设计时也要考虑卫生间的布局、通风和清洁设备。

2.6 配套功能区

配套功能区包括餐厅服务配套设备，如储物间、员工休息室等。这些区域的设计要确保其功能性，同时不影响其他区域的正常使用。

2.7 公共活动区

对于酒吧或咖啡厅等类型的餐饮店，公共活动区是一个重要的组成部分。这个区域可以提供顾客交流、休息或举办小型活动的空间。

2.8 休闲餐饮区

针对追求更高品质的用餐体验的顾客，可以设置休闲餐饮区，提供咖啡厅、茶座等形式的消费。

3 动线设计：斑斓世界，吸引目光

餐饮店的动线设计需要综合考虑空间布局、顾客体验、服务效率等多方面因素。通过合理的动线设计，可以提升顾客的用餐体验，增强店铺的吸引力和竞争力。

3.1 明确动线类型

餐饮店的动线，主要有图2-2所示的两种类型。

顾客动线

顾客动线是顾客从进店到离店的主要移动路径，包括入口、就餐区、收银台、出口等关键节点。设计时须确保路径畅通无阻，避免顾客在店内产生不必要的绕行

服务动线

服务动线是服务员在店内为顾客提供服务的移动路径。设计时需考虑服务员的工作效率，确保他们能够迅速、便捷地到达各个服务区域

图2-2　动线类型

3.2 保持动线流畅性

动线设计应遵循"流畅、自然、不交叉"的原则，避免顾客和服务员在店内产生冲突和干扰。

3.3 考虑特殊需求

在动线设计时，需要考虑到特殊人群的需求。

比如，对于老年顾客或残障人士，应考虑设置无障碍通道和设施，确保他们能够方便地进出和使用店内设施。对于需要一定私密性的顾客，可以设置一些包间或隔断，满足他们的特殊需求。

3.4 结合品牌特色

动线设计也可以与餐饮店的品牌特色相结合，通过独特的布局

和装饰元素来展现店铺的个性和风格。

4 照明设计：光影之舞，氛围营造

餐饮店的照明设计是一个综合性的艺术设计过程，需要考虑多种因素。通过合理的照明设计，可以营造出舒适、温馨的用餐环境，提升顾客的用餐体验，进而促进店铺的经营和发展。

4.1 明确设计目标和原则

首先，要明确照明设计的目标，是为了营造舒适、温馨的用餐环境，还是为了突出店铺的特色和品牌形象。同时，照明设计应遵循一定的原则，如功能性、舒适性和美观性，确保照明方案既实用又美观。

4.2 选择合适的照明方式和灯具

根据餐饮店的布局和装修风格，选择合适的照明方式和灯具。例如，吊灯、壁灯、台灯等灯具可以营造出不同的氛围和风格。同时，要注意灯具的样式、材质和颜色与整体装修风格的协调统一。

4.3 合理设置照明层次和亮度

餐饮店的照明设计应有一定的层次感和亮度变化。一般来说，就餐区的照明应柔和、舒适，避免过强的光线影响顾客的用餐体验；而入口、展示区等位置则需要较高的亮度，以吸引顾客的注意力。此外，还可以通过设置调光器，根据实际需要调整不同区域的亮度。

4.4　注重光影效果和色彩搭配

照明设计还可以通过光影效果和色彩搭配来营造独特的氛围。

例如，利用灯光在墙面、地面等位置形成有趣的光影效果，或者通过不同色彩的灯光来强调店铺的特色和主题。

4.5　考虑节能和环保

在照明设计中，应充分考虑节能和环保因素。选择高效、节能的灯具和光源，减少能源消耗；同时，合理利用自然光，减少对照明设备的依赖。

🔗 相关链接 ··

餐饮店如何选择灯具：
独具匠心，光影璀璨

在餐饮店装修选择灯具时，需要考虑多种因素，包括灯具类型、光线强度、色温、布局以及节能环保等方面。

首先，灯具类型应根据餐饮店的装修风格和区域功能进行选择。常见的灯具类型包括吊灯、壁灯、台灯、筒灯、射灯以及格栅荧光灯等。吊灯适合作为主光源，能够营造出温馨、浪漫的氛围；壁灯和台灯则适合作为辅助光源或局部光源，增加空间的层次感或提供柔和的光线。筒灯和射灯则常用于提供泛光源或局部照明，提升整体照明效果或烘托气氛。格栅荧光灯则适用于需要均匀照明的区域，如厨房等。

其次，光线强度和色温也是选择灯具时需要考虑的重要因素。光线强度应适中，过强或过弱都会影响顾客的用餐体验。色温则应根据餐饮店的定位和氛围进行选择，暖色调能够刺激食欲，提升用餐氛围，而自然光则能带来舒适和灵动的感觉。

在灯具布局方面，应根据空间大小、餐桌位置以及装修风格等因素进行综合考虑。主光源应设置在餐桌上方，提供足够的光线；辅助光源可以设置在墙面、天花板等位置，增加空间的层次感；局部光源则可以设置在餐具、装饰品等位置，以突出重点。

此外，节能环保也是选择灯具时需要考虑的因素。可以选择使用LED灯等节能灯具，并合理控制灯光数量和亮度，避免浪费和光污染。

最后，在选择灯具时，还应考虑市场竞争格局和灯具品牌的口碑。选择知名品牌或具有良好口碑的灯具，可以确保灯具的质量和性能，提升餐饮店的形象和顾客的满意度。

综上所述，在餐饮店的装修过程中，灯具的选择无疑是一个重要的环节。我们需要考虑灯具的类型、光线强度、色温、布局以及节能环保等多种因素，并兼顾品牌口碑的可靠性。通过灯具选择与布局规划，能够精心打造出一个既舒适又温馨的用餐环境，进一步提升顾客的用餐体验，让每一位顾客都能在此感受到宾至如归的温馨与愉悦。

5 通风设计：别出心裁，气流舒适

餐饮店的通风设计是一个全面的考量过程，必须综合权衡店铺规模、内部布局、经营类型以及顾客的实际需求。通过精心规划的通风设计，能够有效确保店内空气流通，营造清新宜人的用餐环境，进而提升顾客的用餐体验。

5.1 明确通风需求

首先，需要根据餐饮店的规模、布局和经营类型，明确通风的具体需求。考虑到不同区域的功能和特点，如厨房、就餐区、卫生间等，分别制定合理的通风方案。

5.2 合理布局通风系统

（1）厨房通风。厨房是餐饮店中油烟和异味较重的区域，因此通风设计应重点关注。通风系统应位于厨房上方，以便及时排除油烟和异味。同时，根据厨房的实际布局，合理布置排风管道和出风口，确保油烟能够迅速排出。

（2）就餐区通风。就餐区应保持空气流通，避免异味积聚。可以设置适量的送风口和排风口，形成有效的气流循环。此外，还可以考虑使用新风系统，引入室外新鲜空气，提高室内空气质量。

5.3 选择合适的通风设备

（1）排风扇和油烟机。排风扇适用于排除室内异味和湿气，而油烟机则专门用于排除厨房油烟。选择时，应注意设备的性能参数，如风量、噪声等，确保满足通风需求且运行稳定。

（2）空气净化设备。对于空气质量要求较高的餐饮店，可以考虑安装空气净化设备，进一步去除空气中的细菌、病毒和异味等。

5.4　注意细节处理

（1）风口设计。风口的位置和数量应根据实际需求进行合理规划，避免风口过大或过小影响通风效果。同时，风口的设计应与装修风格相协调，保持整体美观。

（2）密封性能。通风系统的管道和连接处应保持良好的密封性能，防止油烟和异味泄漏。

（3）噪声控制。通风设备在运行过程中可能会产生一定的噪声，因此应选择噪声较小的设备，并在安装时采取减震措施，降低噪声对顾客用餐体验的影响。

5.5　考虑节能和环保

在选择通风设备和设计通风系统时，应充分考虑节能和环保因素。选择高效、节能的通风设备，降低能耗；同时，合理规划通风系统，减少不必要的能耗和排放。

6　色彩搭配：独具匠心，绚丽多彩

合理的色彩搭配，可以营造出舒适、温馨的用餐环境，提升顾客的用餐体验。因此，店主在装修时，要注意色彩搭配，具体要求如图2-3所示。

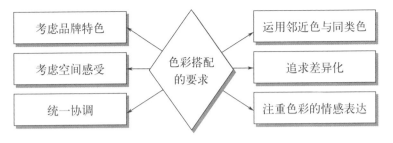

图2-3　色彩搭配的要求

6.1　考虑品牌特色

首先，要根据餐饮店的品牌特色来选择色彩。如果品牌形象是高端奢华，可以选择金色、紫色等色彩来凸显高贵感和独特感；如果是家庭式温馨的品牌形象，则可以选择暖色系如橙色、黄色、棕色来营造亲切感和舒适感。

6.2　考虑空间感受

不同的色彩会给人带来不同的空间感受。浅色调如白色、米色等可以使空间看起来更加宽敞明亮，适合用于空间较小的店面；而深色调如深红、深蓝等则会给人一种沉稳、安静的感觉，适合用于空间较大、追求高档感的店面。

6.3　统一协调

餐饮店装修色彩搭配需要整体统一协调。各个区域的色彩要有明确的搭配思路，不能突兀，要保持整体一致性。

例如，大厅区域可以使用柔和的色调来提供舒适感，而厨房和卫生间则应选择清洁明亮的色彩。

6.4 运用邻近色与同类色

邻近色如橙色与黄色、蓝色与藏青色，因为两种颜色识别度高，从视觉效果来看，会呈现出更具层次感的变化。同类色搭配则更为统一，如在餐厅内部使用明黄和橙黄加以搭配，可使整体氛围显得年轻富有朝气。

6.5 追求差异化

在同行业中，选择与众不同的色彩搭配可以使餐饮店面脱颖而出，吸引消费者的注意力。餐饮店可以在装饰品、灯饰等细节上加入独特的元素，以突出店铺特色。

6.6 注重色彩的情感表达

色彩具有情感表达的功能，如红色代表热情、活力，绿色代表自然、健康，蓝色代表宁静、清新等。餐饮店可以根据自身定位和顾客需求，选择合适的色彩来营造相应的氛围和情感。

案例分享

1.选址决策

某知名火锅品牌决定在城市的繁华商业区开设一家新店。经过深入的市场调研和数据分析，选址团队锁定了城市中心的A购物中心作为理想地点。该购物中心交通便利，周边有地铁、公交等多种出行方式，且日均客流量大，消费能力高，符合品牌的高端定位。

此外，购物中心内部已有多家知名餐饮品牌入驻，形成了良好的餐饮氛围，有利于吸引更多顾客。同时，购物中心还提供了完善的物业管理服务，包括安全、清洁、维修等，可确保店铺的正常运营。

2.装修设计

在确定了选址后，该火锅品牌开始了紧锣密鼓的装修设计工作。为了营造出独特而具有品牌特色的用餐环境，设计师团队从品牌文化、顾客需求、空间布局等多个方面进行了综合考虑。

首先，在空间布局上，设计师将店铺划分为就餐区、厨房区、卫生间等多个功能区域，并合理规划了通道和座位布局，确保顾客在店内的行动流畅且舒适。同时，为了提升顾客体验，设计师还设置了独立的等候区和休息区，为顾客提供贴心的服务。

在色彩搭配上，设计师采用了品牌标志性的红色和金色作为主色调，营造出热烈、喜庆的氛围。同时，为了缓解红色带来的视觉疲劳，设计师还巧妙地运用了白色和灰色作为辅助色，使整体空间更加和谐统一。

在照明设计上，设计师选用了柔和的暖色调灯光，营造出温馨、舒适的用餐环境。同时，通过吊灯、壁灯等多种灯具的组合运用，形成了丰富的光影效果，提升了空间的层次感和立体感。

此外，在材质和装饰上，设计师选用了高质量的木材、石材等自然材质，以及具有品牌特色的装饰元素，如品牌标识、特色壁画等，进一步凸显了品牌特色和文化内涵。

3.装修实施与效果

经过数月的精心装修，该火锅品牌的新店终于开业。店铺的装修风格与品牌形象高度契合，空间布局合理且舒适，色彩搭配和谐统一，照明设计温馨舒适，材质和装饰也体现了品牌的独特魅力。

开业后，该店铺迅速吸引了大量顾客前来品尝美食。顾客们纷纷表示，店铺的装修风格独特而具有品牌特色，让人一眼就能认出是该品牌的店铺。同时，店铺的用餐环境也非常舒适，让人心情愉悦，让人愿意在这里多待一会儿。

案例点评：

凭借独到的选址眼光与精致的装修设计，这家火锅品牌店精心塑造了一个独具品牌特色与文化底蕴的餐饮空间，为顾客带来了别具一格的用餐享受。此举不仅赢得了顾客的青睐，更在激烈的市场竞争中稳扎稳打，占据了优势地位。

第 3 章

开业筹备与造势

关键词：
统筹安排
手续齐备
宣传造势

不论何事，均需细致而周密的准备，开店也不例外。开店之路始于细微，每一个细节都不容忽视，特别是在前期筹备阶段，更需事无巨细、全面考虑。只有对前期筹备工作给予充分的重视，才能为日后的经营奠定基础、铺平道路。

【要点解读】▶▶▶ -

1 费用预算：精打细算，投资有道

在明确餐饮店的规模之后，接下来便是估算开设餐饮店所需的启动资金。当前，随着市场经济的持续变动，餐饮业竞争日趋白热化，不少餐饮店因经营困难而低价转让，其中不乏以5万～10万元转让的店铺。若选择投资新开一家餐饮店，则涉及的投资费用相对较大，具体数额还需根据店铺地段、房租及装修标准等因素综合考量。那么，作为餐饮投资者，如何准确判断自身资金是否足以支持这项投资呢？

1.1 准备必需费用

通常，餐饮店开张所需的费用有房屋租金、材料设备费、人员工资、管理杂费：水电燃料费用等。因此，投资者要预测出餐饮店开张所需资金是否能够满足营业开办和发展所用。

1.2 留足开支

投资者在预估费用时，除了投资餐饮店的必需资金外，还应考虑所剩下的资金是否能够维持自身或家庭生活费用所需。

由于投资餐饮店具有一定的风险，因此投资者可进行以下费用预估和安排（仅供参考，投资者须根据自身实际情况考量）：

（1）如投资在10万元以下，可考虑取出个人或家庭全部资金的1/3或50%。

（2）如开餐饮店投资超过10万元的，可考虑取出个人或家庭全部资金的60% ~ 70%。

（3）若开餐饮店投资超过百万元，可考虑取出个人或家庭全部资金的80% ~ 90%。

投资餐饮店，无疑是一场利益与风险并存的生意。在迈向这一决策的同时，务必妥善安排个人及家庭的生活需求，确保生活无忧，方能全心投入创业，让创业之路更加稳固有保障。

 生意经

通常，申请新领餐饮牌照、开设小型餐饮店的初始运营资金大致在20万 ~ 30万元；而对于已有餐饮项目的转移或餐饮店的转让，所需资金则在10万 ~ 20万元。

1.3　合理分配比例

许多餐饮店在资金配置上常面临的一个普遍问题是固定资产与流动资产的比例失衡，即过度将资金投向难以迅速变现的资产，例如，通过购买方式将大量资金投入到房产和设备上。然而，对于众多新兴的餐饮店而言，租赁策略可能更为明智，因为它能有效减少初期现金的流出，为店铺的稳健运营提供更为灵活的财务支持。

🔗 相关链接 ···

餐饮投资智慧全攻略

如果你有富余的资金，要想科学而又合理地投资餐饮店，不妨借鉴下面几点建议。

1.投资在所熟悉的区域内

将餐饮店的投资锁定在自己熟悉的区域内，此举不仅有助于更精准地评估投资对象，还能显著降低潜在风险。在选择投资地点时，建议优先考虑距离自己两小时车程以内的区域，因为这些地方往往更为熟悉且易于持续关注，从而为餐饮店的成功运营奠定坚实基础。

2.请有经验的咨询公司参与策划

通过引入经验丰富的餐饮咨询策划管理公司进行专业策划，我们不仅能获取一系列优惠政策，还能强化投资信息的流通与协调，实现利益共赢。这一举措将助力我们的企业在竞争激烈的餐饮市场中，抢占成长潜力最大的领域，确保企业的稳健发展和持续繁荣。

3.做好后续投资打算

若选择合伙经营，作为股东之一，且对于所投资的餐饮店有着日后开设连锁店的宏打算，投资人需预留充足资金以备第二轮及第三轮的投资之需。否则，随着连锁扩张的进程，个人股权在后续融资中难免被逐步稀释。因此，建议首期每投资10万元时，应额外预留20万～30万元作为未来扩张的专项资金，确保在连锁发展的道路上稳步前行。

2 设备采购：一应俱全，高效运营

设备的选择对于餐饮店十分重要，它不仅关乎餐饮店运营效率与菜品质量的高低，更是直接影响顾客用餐体验的因素。因此，店主在购置设备时需深思熟虑，慎重选择，以确保餐厅运营的顺畅与顾客满意度的提升。

2.1 常用的设备

餐饮店在开店前需要购置的主要设备如表3-1所示。

表3-1 开店前需要购置的设备

序号	设备类型	具体说明
1	烹饪设备	包括炉灶、烤箱、蒸柜等，用于制作各种菜品。根据餐厅的定位和菜单，可能需要不同种类的烹饪设备
2	加工设备	如切菜机、绞肉机、压面机等，用于食材的初步加工，以提高厨房的工作效率

序号	设备类型	具体说明
3	储存设备	如冰箱、冰柜等，用于储存食材或半成品，以确保食材的新鲜度和卫生
4	餐桌餐椅	根据餐厅的规模和风格选择合适的餐桌餐椅，以确保顾客的用餐舒适度
5	餐具	包括碗、盘、筷子、刀叉等，要确保与餐厅的定位和风格相匹配
6	清洁设备	如洗碗机、消毒柜等，用于餐具的清洁和消毒，以保证餐厅的卫生标准
7	收银系统	用于餐厅的结账和订单管理，以提高服务效率
8	空调系统	确保餐厅内的温度和湿度适宜，为顾客提供舒适的用餐环境
9	监控设备	用于餐厅的安全监控，以保障顾客和员工的安全

2.2 购置设备需考虑的因素

在购置设备时，餐饮店需要注意如表3-2所示的要点。

表3-2 购置设备注意要点

序号	注意要点	具体说明
1	明确需求与预算	根据餐厅的定位、菜品种类和预计的客流量，明确所需设备的种类和数量。并制定详细的预算，并留出一定的弹性空间以应对可能的额外费用
2	市场调研与比价	通过网络、行业展会或同行推荐，了解各种设备的品牌、性能、价格等信息。对比不同供应商的价格、质量和服务，选择性价比较高的设备
3	考虑设备的质量与耐用性	选择知名品牌和质量可靠的设备，确保设备在长期使用中能够保持稳定的性能。优先考虑易于清洁和维护的设备，降低后续维护成本

序号	注意要点	具体说明
4	考虑设备的功能与实用性	根据餐厅的实际需求，选择具有适当功能的设备，避免功能过剩或不足。考虑设备的易用性和人性化设计，提高员工的工作效率
5	考虑设备的兼容性与扩展性	确保新购置的设备与现有设备或系统能够兼容，避免出现不兼容或配合不顺畅的情况。考虑到未来可能的扩张或升级需求，选择具有一定扩展性的设备
6	与供应商建立良好的合作关系	选择有良好信誉和服务的供应商，确保设备的供应和售后服务得到保障。与供应商建立长期合作关系，享受更优惠的价格和更优质的服务
7	注意设备安装与调试	在设备到货后，按照说明书或供应商的指导进行安装和调试。确保设备安装位置合理、稳固，调试后能够正常运行
8	设备培训与使用	对员工进行设备操作和维护的培训，确保员工能够正确使用和保养设备。建立设备使用和维护记录，及时发现并解决潜在问题

3　开店手续：合规经营，无忧起航

哪怕是再小的餐饮店，开店也需要办理相关手续，以确保其符合国家法律法规和行业标准。为了能够顺利地开展业务，经营者应着手办好一应手续。

3.1　选择经营主体

目前，经营组织形态大体可分为：个体工商户、个人独资企业、一人有限责任公司、合伙企业、有限责任公司或股份有限公司。不同的经营主体，其设立性质与条件、个人责任承担、税务优惠政策及法律责任不尽相同，经营者可以根据自身的需求和情况选择合适的经营主体形式。同时，建议咨询专业人士或律师，以获取更准确的建议和指导。

3.2　办理营业执照

营业执照是工商行政管理机关发给工商企业、个体经营者的准许从事某项生产经营活动的凭证。其格式由国家市场监督管理总局统一规定。没有营业执照的工商企业或个体经营者一律不许开业，不得刻制公章、签订合同、注册商标、刊登广告，银行不予开立账户。

申请人需提供本人身份证、营业场所证明等相关材料，向当地工商部门申请。

 生意经

自2016年10月1日起，营业执照、组织机构代码证、税务登记证、社会保险登记证和统计登记证实施"五证合一"。

3.3　申请许可证

《食品经营许可和备案管理办法》第七条规定，食品经营者在不同经营场所从事食品经营活动的，应当依法分别取得食品经营许可或者进行备案。

《食品经营许可证》是对餐饮服务环节进行监管的重要证件，以确保餐饮店的食品卫生和安全符合相关标准。没有此证，餐饮店将不能从事食品制作和销售活动。

3.4　健康证

《中华人民共和国食品安全法》第四十五条规定，食品生产经营者应当建立并执行从业人员健康管理制度。从事接触直接入口食品工作的食品生产经营人员应当每年进行健康检查，取得健康证明后方可上岗工作。

3.5　环保审批

大型餐饮店在开业前需要进行环保审批，确保门店的油烟、废水、噪声等污染排放符合环保要求。这是保护环境和居民生活质量的必要措施。

3.6　消防手续

大型餐饮店需要提交相关申请书和餐厅位置平面图，经过消防主管部门的检查和验收，确保餐饮店的消防设施和安全措施符合标准。这是保障餐饮店和顾客安全的重要措施。

3.7　注册商标

如果想做好自己的品牌，可以考虑注册商标，注册商标可以在全国范围内对自己的品牌进行保护，并增加投资合股的品牌估价。注册商标需要提供营业执照，各地都有商标注册服务公司，也可以选择知名的商标代理网站进行商标注册。

3.8　开立对公账户

选择一家合适的银行，准备好相关材料，如身份证、营业执照等，前往银行开立企业账户。

经营者可根据店铺的具体情况看是否需要办理，如果是比较小的店铺，用不上对公账户，前期也可以暂不办理。

3.9　申请发票

经营者携带相关材料前往当地税务机关，按规定程序申领发票。

　生意经

不同的城市，所需的证件可能不一样。经营者应根据当地政策和实际情况，在办理手续时，咨询当地相关部门或专业人士，以确保办理手续的准确性和合规性。

4　开业宣传：声势浩大，引爆热潮

每当一家店铺开业，投资者总是满怀热忱地期盼着"开门红"的盛况。此时，巧妙地运用现有的资源与环境来营造开业声势显得尤为关键。一旦明确了这一策略，便能以较小的投入成本实现较大的效益回报，从而为店铺的成功经营奠定坚实基础。

4.1　在装修期间为开业造势

很多店铺在装修期间的促销往往一片空白。短则几周长则数月的装修期，店门口人来人往，白白浪费了宣传时机，装修期间开业造势具体措施如表3-3所示。

表3-3　装修期间开业造势措施

序号	造势措施	具体说明
1	喷绘广告	可以做一个明显的、临时性的喷绘广告。花费不是很多，广告内容可以是对即将开业的店铺进行品牌形象的宣传，也可以是开业促销措施
2	条幅	拉一个条幅，上面写着"距××店开业还有××天"，这样可以使顾客产生期待或好奇，为店铺开业造势
3	招聘广告	制作并张贴精美的招聘广告也是宣传店铺的好方法。开店必然要招聘相关人员，精美的招聘广告可以招来应聘者，同时也是对店铺的一种宣传。店主只需要简单地写上"招聘"二字和几条招聘要求就可以吸引很多目光

4.2　借节假日为开业造势

通常而言，选择节假日作为店铺的开业日是个明智之举。因为节假日是大多数人拥有充裕时间与轻松心情进行购物的时段，同时也是人流量最为集中的时刻。顾客往往受到从众心理的影响，更倾向于选择热闹、人潮涌动的场所进行消费，因此，节假日开业能更有效地吸引顾客，为店铺的起步奠定坚实基础。

4.3　营造气氛为开业造势

店铺开业之际，务必精心打造浓厚的开业氛围，确保顾客能即刻感受到店铺的新鲜与活力，进而吸引他们的目光并促使他们关注店铺。

（1）店铺开业前要尽量买些花篮摆在门口，营造出开业的喜庆气氛。

（2）如果条件允许，可以设置一个充气拱门。

（3）店铺开业之际，宜播放节奏明快的音乐，既能中和人潮的喧嚣，又能为顾客营造出一种安心舒适的氛围。

4.4　借促销为开业造势

店铺开业之际，应借助精心策划的促销活动来营造声势。这些活动可以包括特定商品的限时折扣、诱人的赠品或免费办理会员卡的优惠。为了最大化促销活动的传播效果，建议张贴醒目的海报、在店门口向行人分发传单，以此吸引过路行人的目光，促使潜在顾客转化为店铺的忠实消费者。

5　先试营业：稳步前行，确保成功

在餐饮店正式开业之前，可先进行试营业。此举不仅是对店铺运营流畅性的全面检验，更是对顾客体验的直接感知。通过试营业，我们能够收集宝贵的顾客反馈，针对发现的不足进行调整与优化，确保店铺在正式开业时能以最佳状态迎接每一位食客。

5.1　试营业阶段

试营业阶段，餐饮店需做好如表3-4所示的工作。

表3-4　试营业阶段的工作要点

序号	工作要点	具体说明
1	全面测试	试营业期间，需要对整个餐饮店的运营进行全面测试，包括服务流程、菜品质量、顾客体验等各个方面。通过实际的运营情况，发现问题并及时解决

序号	工作要点	具体说明
2	收集反馈	积极收集顾客的反馈意见，了解他们对菜品、服务、环境等方面的看法。同时，也要关注员工的反馈，他们在实际操作中可能发现一些需要改进的地方
3	调整策略	根据收集到的反馈，制定相应的调整策略。例如，如果顾客对某个菜品不满意，可以考虑调整配方或替换食材；如果服务流程存在瓶颈，可以优化流程提高效率

5.2 调整阶段

在调整阶段，根据试营业阶段收集的信息，做好如表3-5所示的调整工作。

表3-5 调整阶段的工作要点

序号	工作要点	具体说明
1	菜品调整	根据试营业期间的销售数据和顾客反馈，对菜品进行调整。可以淘汰销量不佳或反馈较差的菜品，同时推出新的受欢迎的菜品
2	服务提升	针对服务中出现的问题，进行培训和指导，提升员工的服务意识和技能水平。确保员工能够热情周到地服务顾客，提升顾客满意度
3	环境优化	根据顾客对环境的反馈，对餐厅环境进行优化。可以调整灯光、音乐、装饰等，营造出更加舒适、温馨的用餐氛围

5.3 注意事项

在试营业与调整阶段，需要注意如图3-1所示的两点。

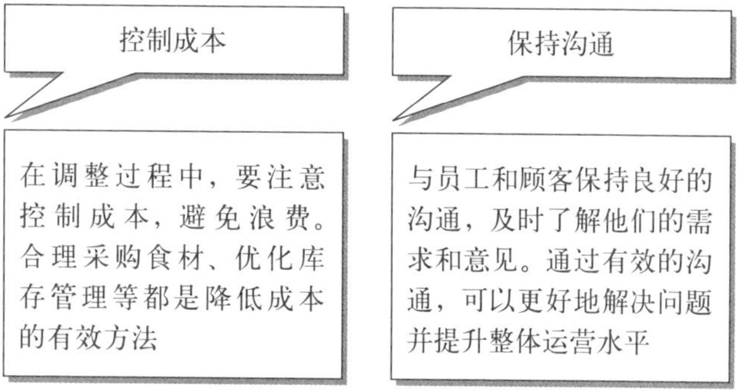

控制成本	保持沟通
在调整过程中，要注意控制成本，避免浪费。合理采购食材、优化库存管理等都是降低成本的有效方法	与员工和顾客保持良好的沟通，及时了解他们的需求和意见。通过有效的沟通，可以更好地解决问题并提升整体运营水平

图3-1　试营业与调整阶段的注意事项

6　盛大开业：欢庆盛典，喜迎宾客

餐饮店试营业圆满收官后，紧接着迎来的是正式开业的重大时刻。试营业期间，着重检验了团队的协作默契、产品与服务的稳定性，并依据顾客反馈进行了细致的调整。而正式开业之际，店铺将全面面向广大消费者，以崭新的姿态展现其独特的品牌形象与吸引力，从而迎来更为广阔的发展机遇。

在正式开业前，需要做好如图3-2所示的几项工作。

在盛大的开业日，不妨举办一系列庆祝活动，如隆重的开业典礼、诱人的优惠促销等，以热烈氛围吸引广大顾客亲临体验。同时，需时刻留心顾客的反馈与需求，灵活调整经营策略与服务模式，力求为顾客带来更加满意的用餐体验。

| 工作一 | 要总结试营业期间的经验和教训，针对存在的问题和不足进行改进，确保在正式开业时能够呈现出最佳状态 |

| 工作二 | 制定详细的开业计划和营销策略，包括确定开业时间、地点、活动内容等，并通过各种渠道进行宣传推广，吸引更多的消费者关注和参与 |

| 工作三 | 对店铺进行彻底的清洁和装饰，营造出舒适、整洁、温馨的用餐环境。同时，要确保所有员工都接受了充分的培训，熟悉工作流程和服务标准，能够为顾客提供优质的服务 |

图3-2 正式开业前需做的工作

 生意经

正式开业只是店铺运营的一个起点，后续的经营管理同样重要。餐饮店要不断完善菜品质量和服务水平，加强营销推广和品牌建设，才能在激烈的市场竞争中脱颖而出，实现长期稳定的发展。

××餐饮店主打中式传统美食，位于市中心繁华的商业街区。店铺面积约为200平方米，预计可容纳60人同时就餐。店主李先生拥有多年的餐饮行业经验，希望通过××餐饮店将传统美食与现代餐饮理念相结合，为消费者提供高品质的用餐体验。

1.筹备阶段

（1）市场调研与定位。在筹备初期，李先生首先对目标市场进行了深入调研。他发现，商业街区虽然餐饮店众多，但主打传统中式美食的店铺相对较少，且大多数消费者对于高品质的传统美食有着浓厚的兴趣。基于此，李先生将××餐饮店定位为一家中高端的传统中式餐厅，以满足消费者对于美食和用餐环境的双重需求。

（2）选址与装修。经过多次考察和比较，李先生最终选定了位于商业街区黄金地段的店铺。店铺交通便利，周边人流量大，且周边商业氛围浓厚，有利于吸引潜在顾客。在装修方面，李先生聘请了专业的设计团队，以中式古典风格为主，融入现代元素，打造出既传统又时尚的用餐环境。同时，店铺内部布局合理，设有散座、包间等不同区域，以满足不同消费者的需求。

（3）设备采购与食材准备。为了确保菜品的质量和口感，李先生亲自挑选了高品质的厨房设备和餐具。他选择了知名品牌的不锈钢厨具、电磁炉等，确保烹饪过程的卫生和安全。同时，他还与当地的优质食材供应商建立了长期合作关系，确保食材的新鲜度和品质。在食材准备方面，李先生根据菜单要求提前进行了采购和储备，确保开业当天能够顺利供应。

（4）人员招聘与培训。李先生深知员工是餐厅运营的核心力量，因此在筹备阶段就加大了对员工的招聘和培训力度。他通过线上线下渠道发布了招聘信息，吸引了一批有餐饮经验的求职者。在面试过程中，李先生注重考察应聘者的专业技能和服务意识，确保招聘到合适的员工。对于新入职的员工，李先生组织了系统的培训课程，包括菜品制作、服务流程、卫生标准等方面，确保员工在开业前能够熟练掌握各项技能。

（5）宣传与推广。为了提升××餐饮店的知名度和曝光率，李先生在筹备阶段就制定了一套宣传策略。他通过社交媒体平台发布了开业预告和优惠活动信息，吸引了大量网友的关注和转发。同时，他还与当地的媒体合作，邀请记者进行采访报道，扩大店铺的影响力。此外，李先生还通过线下传单派发、合作商户推荐等方式进行宣传，吸引了更多的潜在顾客。

2.正式开业

经过充分的准备和筹划，××餐饮店终于迎来了正式开业的日子。开业当天，店铺内外张灯结彩，气氛热烈。李先生和员工们精神饱满地迎接着每一位顾客的到来。为了庆祝开业，店铺推出了多项优惠活动，吸引了大量顾客前来品尝美食。同时，店铺的服务质量也得到了顾客的一致好评，为××餐饮店的未来发展奠定了坚实的基础。

案例点评：

通过本案例可以看出，餐饮店开业筹备是一个复杂而烦琐的过程，需要综合考虑市场调研、选址装修、设备采购、人员招聘培训以及宣传推广等多个方面。只有做好充分的准备工作，才能确保店铺顺利开业并取得成功。后续，××餐饮店将继续秉承传统中式美食的理念，不断提升菜品质量和服务水平，为消费者提供更好的用餐体验。

第 4 章

食材采储与品控

关键词：
品质可靠
送货及时
库存合理

优化餐饮业的原材料管理，无疑是提升餐饮经济效益的核心要素之一。餐饮企业的日常运作依托于各式各样的食材，而食材的品质无疑是菜品质量的核心基石。因此，餐饮企业需高度重视食材的采购、验收与储存等关键环节，实施严格的质量管控措施，确保食材的优质与新鲜，从而为消费者呈现出一道道美味佳肴。

🔍📄【要点解读】▶▶▶ -

1 优选供应商：品质保证，信赖之选

餐饮店在选择供应商时，需要遵循一系列严谨而务实的步骤，以确保选择到合适、可靠的供应商，从而保障食材和服务的质量，同时优化成本。

一般来说，餐饮店在选择供应商时应遵循如图4-1所示的步骤，以便更加科学、合理地选择供应商，为餐饮店经营和发展提供有力的支持。

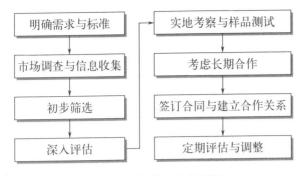

图4-1　选择供应商的步骤

1.1　明确需求与标准

餐饮店首先需要清晰界定自身的需求，包括所需食材的种类、数量、质量标准以及配送要求等。然后根据需求制定相应的供应商选择标准，这些标准可以包括供应商的资质、产品质量、价格、服务水平等。

1.2　市场调查与信息收集

通过市场调查、行业展会、网络搜索等途径，收集潜在供应商的信息，如企业规模、产品范围、价格水平等。了解供应商在行业内的声誉、口碑以及与其他餐饮店的合作情况。

1.3　初步筛选

根据收集到的信息，对潜在供应商进行初步筛选，排除那些明显不符合餐饮店需求的供应商。初步筛选的依据可以包括供应商的资质、经验、规模等。

1.4 深入评估

餐饮店应对初步筛选合适的供应商进行深入评估，评估要点如表4-1所示。

表4-1 对供应商进行深入评估

序号	评估要点	具体说明
1	企业资质与信誉	（1）检查供应商是否具备相关的营业执照、餐饮服务许可证等资质证书 （2）了解供应商的食品安全记录，查看是否有重大食品安全事故或不良口碑 （3）评估供应商在业界的声誉和口碑，可以向其他餐饮店或行业协会咨询
2	产品质量与供应能力	（1）对供应商的产品进行质量评估，包括食材的新鲜度、口感、安全性等 （2）了解供应商的供应能力，包括产能、配送网络等，以确保供应商能够满足餐饮店的日常需求
3	价格与性价比	（1）对比不同供应商的价格水平，考虑产品的性价比 （2）注意避免只追求低价而忽视产品质量和服务的情况
4	服务水平与合作意愿	（1）评估供应商的服务态度、响应速度以及解决问题的能力 （2）了解供应商的合作意愿和灵活性，看其是否能够根据餐饮店的需求进行定制化服务

1.5 实地考察与样品测试

对于初步筛选出的供应商，餐饮店可以进行实地考察，了解供应商的生产环境、设备设施、质量管理体系等。同时，可以要求供应商提供样品进行测试，以评估其产品的质量和口感。

1.6　考虑长期合作

在选择供应商时，除了考虑当前的需求和条件，还应考虑双方是否有长期合作的潜力。长期合作有助于建立稳定的供应链，降低风险，并可能带来更好的价格和服务。

1.7　签订合同与建立合作关系

与选定的供应商签订正式的采购合同，明确双方的权利和义务，包括产品规格、质量标准、价格、配送方式等。建立与供应商的合作关系，确保双方能够保持良好的沟通与协作，共同应对市场变化和挑战。

1.8　定期评估与调整

在合作过程中，定期对供应商进行绩效评估，包括产品质量、服务水平、价格等方面的评估。根据评估结果，对供应商进行必要的调整或更换，以确保供应链的稳定性和可靠性。

2　采购标准：精挑细选，确保新鲜

餐饮店的食材采购标准通常涉及多个方面，以确保食材的质量、安全等符合经营需求。如表4-2所示的是一些常见的食材采购标准。

表 4-2　食材采购标准

序号	采购标准	具体说明
1	质量要求	（1）新鲜度：食材应新鲜、无异味，切勿采购过期或变质的食材 （2）规格和尺寸：根据产品特性和需求，选择符合规格和尺寸要求的食材 （3）外观：食材应具有良好的外观，无损伤、变色或虫蛀等现象 （4）包装：检查食材的包装是否完好无损，避免包装破损或食材污染
2	安全要求	（1）来源可追溯性：要求供应商提供食材的来源信息，包括生产地、批次号等 （2）农药残留：供应商需提供食材的农药残留检测报告，确保食材符合相关标准 （3）防腐剂和添加剂：禁止使用未经批准的防腐剂和添加剂，以确保食材的安全性
3	供应链管理	（1）交付周期：确保供应商能够及时交付所需食材，避免供应中断 （2）可持续性：优先选择符合环境和社会责任标准的供应商，推动可持续发展
4	合规性	遵循相关法律法规和行业规范，确保采购活动的合法性和合规性
5	价格与成本效益	（1）在确保食材质量和安全的前提下，追求合理的价格，降低采购成本 （2）考虑长期合作与批量采购，以获得更优惠的价格，保障供应稳定性

 生意经

　　具体的食材采购标准可能因餐饮店的类型、规模、地理位置和客户需求而有所不同。因此，餐饮店在制定食材采购标准时，应根据自身实际情况进行不断调整和完善。同时，定期对供应商和采购流程进行评估和审查，确保食材采购的持续优化和提升。

3 票证查验：严谨把关，安全无忧

3.1 索取购物凭证

为便于溯源，餐饮店要索取并保留购物发票或凭证并留存备查。送货上门的，必须确认供应商有卫生许可证，并留存对方联系方式，以便发生问题时可以追溯。千万不能贪图价格便宜和省事，随意购进无证商贩送来的食材或来路不明的食材。

3.2 查验有关证明

餐饮店在采购食品原料前，要查验以下证明。

（1）供应商和生产单位的食品卫生许可证（未经加工的农产品除外）。

（2）加工产品的生产单位的生产许可证。

（3）加工产品的检验合格证（检验机构或生产企业出具）。

（4）畜禽肉类（不包括加工后的制品）的检疫合格证明（动物卫生监督部门出具）。

（5）进口食品的卫生证书（口岸食品监督检验机构出具）。

（6）豆制品、非定型包装熟食卤味的送货单（生产企业出具）。

3.3 索证注意事项

（1）许可证的经营范围应包含所采购的食品原料。

（2）检验合格证、证书上产品的名称、生产厂家、生产日期或批号等与采购的食品应一致。

（3）送货单、检疫合格证明上的日期、品种、数量与供应的食品应相符。

（4）批量采购时，应查验食品生产经营许可证、检验合格证、检疫合格证明、进口食品卫生证书、豆制品送货单、熟食送货单等。

4 验收管理：严格流程，品质至上

餐饮店的食材验收是确保食材质量、安全以及符合经营需求的重要环节。通过严格的食材验收流程，餐饮店可以确保食材的质量和安全，为顾客提供健康、美味的菜品。

4.1 验收前的准备

食材验收前，餐饮店应做好如图4-2所示的准备工作。

图4-2 验收前的准备工作

4.2 验收过程控制

在验收过程中，应做好如表4-3所示的几项工作。

4.3 验收后的处理

食材验收后的处理方式有如图4-3所示的两种。

表4-3　验收过程控制

序号	控制要点	具体说明
1	核对采购订单	验收人员应核对采购订单，确保到货食材的品种、数量与订单一致
2	外观检查	观察食材的外观，检查是否有虫蛀、霉变、腐烂等现象。对于肉类食材，要特别注意检查颜色、质地、检疫标志等
3	气味检查	通过嗅闻食材的气味，判断其是否新鲜，有无异味
4	新鲜度检查	对于海鲜、蔬菜等易腐食材，要特别注意检查其新鲜度，如鱼类是否鱼眼清澈、鳃部鲜红；蔬菜是否叶片翠绿、无软化现象
5	保质期检查	检查食材的保质期标签，确保食材在有效期内。对于进口食材，还要检查相关的检验检疫证明
6	供应商信息核对	确认供应商资质和信誉，确保食材来源可靠

合格食材入库。对于验收合格的食材，应及时入库，并做好相应的记录，包括食材名称、数量、入库时间等

方式一

方式二

不合格食材处理。对于验收不合格的食材，应予以拒收，并及时与供应商沟通，协商退货或换货事宜

图4-3　验收后的处理方式

4.4　注意事项

（1）验收人员应具备一定的食材相关知识和鉴别能力，能够准确判断食材的质量。

（2）验收过程中要保持公正、客观的态度，避免受到供应商或其他外部因素的影响。

（3）对于特殊食材或高风险食材，如野生动物、进口食品等，应严格执行相关法律法规和行业规范，确保食材的合法性和安全性。

5 入库管理：严格筛选，安全先行

餐饮店的食材入库是食材管理的重要环节，通过规范的食材入库流程和管理措施，餐饮店可以确保食材的安全、有序和可追溯，为向顾客提供高品质的菜品奠定基础。

5.1 入库前的准备

食材入库前，餐饮店需做好如图4-4所示的准备工作。

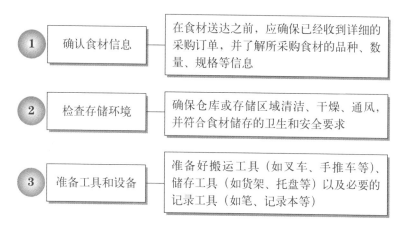

图4-4 入库前的准备工作

5.2 入库过程

食材入库过程中，餐饮店应做好如表4-4所示的管理工作。

表4-4　入库过程管理要求

序号	管理要求	具体说明
1	验收与检查	食材送达后，应首先进行验收检查，确保食材的数量、品种、规格与采购订单一致，同时检查食材的质量、新鲜度和保质期等
2	分类与编码	根据食材的种类和属性，进行分类并赋予相应的编码或标签，以便后续的查找和管理
3	搬运与存放	使用搬运工具将食材搬运至仓库或储存区域，并按照分类和编码进行有序存放。注意避免交叉污染和损坏
4	记录与更新	在入库过程中，应详细记录食材的品种、数量、入库时间、储存位置等信息，并及时更新库存管理系统中的数据

 生意经

入库过程中应注意卫生和安全，确保食材不受污染和损坏。工作人员应穿戴整洁的工作服和手套，避免直接与食材接触。

6 出库管理：精准控制，确保品质

餐饮店食材出库管理是食材流转的重要环节，通过严格的食材出库管理，餐饮店可以确保食材的合理使用和成本控制，提高食材的使用效率。同时，也有助于提升餐厅的整体运营水平和服务质量，为顾客提供更安全、更美味的菜品，具体如图4-5所示。

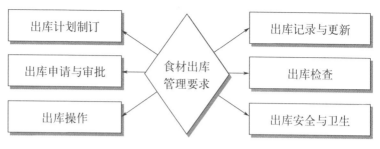

图4-5 食材出库管理要求

6.1 出库计划制订

首先，根据餐饮店的日常经营需求、菜单安排以及预期的客流量，制订出合理的食材出库计划。这个计划需要详细到每种食材的出库数量、时间和使用部门，以确保食材能够及时、准确地供应到各个使用环节。

6.2 出库申请与审批

食材出库前，相关部门或员工需要向仓库管理部门提出出库申请，明确所需食材的种类、数量及用途。仓库管理部门在收到申请后，需对申请内容进行审核，确保申请合理且符合出库计划。

6.3 出库操作

在出库操作过程中，应遵循"先进先出"的原则，优先出库先入库的食材，以保证食材的质量。同时，出库时应仔细核对食材的名称、数量、规格等信息，确保与出库申请一致。

6.4　出库记录与更新

食材出库后，应及时记录出库信息，包括出库时间、食材种类、数量、领用人等。这些信息不仅有助于追踪食材的使用情况，还可以为后续的库存管理和采购计划提供数据支持。同时，要及时更新库存记录，确保库存数据的准确性。

6.5　出库检查

在食材出库前，还需要进行必要的检查，以确保食材的质量和安全。检查项目包括食材的外观、气味、保质期等，以避免变质或损坏的食材出库。

6.6　出库安全与卫生

出库过程中，应确保食材的安全与卫生。仓库管理人员应穿戴整洁的工作服和手套，避免直接接触食材。同时，仓库应保持干燥、通风、清洁，以防止食材受潮、污染或损坏。

7　储存管理：科学储存，保鲜保质

餐饮店的食材储存管理需要关注多个方面，通过科学有效的管理，可以确保食材的质量和安全，为餐饮店的运营提供有力保障，具体如图4-6所示。

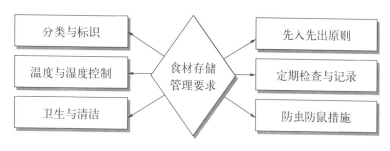

图4-6　食材储存管理要求

7.1　分类与标识

食材应按照其特性和储存要求进行分类，如生鲜、冷冻、干货等，并设置相应的储存区域。每种食材都应有明显的标识，包括名称、生产日期、保质期等信息，以便员工快速识别和管理。

7.2　温度与湿度控制

不同食材对温度和湿度的要求不同。例如，肉类和海鲜通常需要冷藏或冷冻储存，而水果和蔬菜则需要适当的湿度以保持其新鲜度。因此，餐饮店应配备适当的冷藏、冷冻和加湿设备，并定期检查和调整设备的工作状态，以确保食材储存环境的稳定性和适宜性。

7.3　卫生与清洁

食材储存区域应保持清洁、干燥和卫生，以防止细菌滋生和食材污染。储存容器和工具应定期清洗和消毒，员工在操作食材前也应确保手部清洁。此外，餐饮店还应定期进行全面的清洁和消毒工作，以确保储存环境的卫生状况。

7.4 先入先出原则

食材应遵循先入先出的原则进行储存和使用，以避免食材过期或变质。员工在取用食材时，应按照储存顺序进行，确保先入库的食材先被使用。

7.5 定期检查与记录

餐饮店应定期对食材进行检查，包括查看食材的外观、气味、保质期等，以及检查储存环境的温度和湿度等条件。同时，应建立食材储存记录，记录食材的入库、出库、库存量以及储存环境的变化等信息，以便及时发现问题并采取相应措施。

7.6 防虫防鼠措施

餐饮店应采取有效的防虫防鼠措施，如设置防鼠板、安装灭蝇灯等，以防止害虫侵入食材储存区域。同时，还应定期检查储存区域，确保没有害虫滋生或入侵。

8 库存管理：精准掌控，避免浪费

餐饮店在食材库存控制方面需要采取一系列措施，以确保食材的合理利用以减少浪费，具体如图4-7所示。

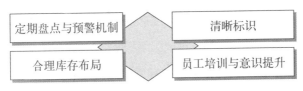

图4-7 食材库存管理要求

8.1 定期盘点与预警机制

餐饮店应定期进行食材库存盘点，以了解实际库存数量、种类和状态。通过盘点，可以及时发现积压或过期食材，并采取相应措施处理，如调整采购量或报废更换。

同时，建立预警机制，当库存量低于安全库存时，及时发出预警，以便调整采购和销售策略。

8.2 合理库存布局

合理的库存布局可以提高取货效率，减少员工在仓库中的行走时间。食材应按照使用频率和重量进行分类，常用的食材应放置在靠近出入口且方便拿取的位置，重货应放在低处并接近通道和出入口。

8.3 清晰标识

每种食材都应有明显的标识，包括名称、数量、生产日期、保质期等信息，以便员工快速识别和管理。

8.4 员工培训与意识提升

加强库管人员的专业和职业道德教育，使其掌握餐饮原料知识，了解每一种物资的保质期、存放温度和湿度，保持原料的新鲜程度。同时，提高员工对库存控制的重视程度，使其在日常工作中注重食材的合理利用以避免浪费。

"××楼"是一家专注于新鲜海鲜和本地特色菜品的知名餐厅，以其独特的口味和高品质的服务赢得了广大消费者的喜爱。为了确保食材的新鲜度和菜品质量，"××楼"在食材采购与库存管理方面下足了功夫。

1.精准采购计划

"××楼"的采购部门根据餐厅的销售数据、顾客反馈以及季节变化等因素，制订精准的采购计划。他们密切关注市场动态，了解海鲜和其他食材的价格波动情况，以便在合适的时机进行采购。同时，采购部门还会与厨师团队密切沟通，了解菜品的用料需求，确保食材的种类和数量能够满足餐厅日常运营的需要。

2.严格的供应商评估与选择

"××楼"非常注重供应商的选择。他们会对供应商的资质、信誉、产品质量和交货能力进行全面评估。只有符合餐厅要求的供应商才能成为合作伙伴。此外，"××楼"还会定期对供应商进行复评，确保供应商始终能够保持高品质的产品供应。

3.智能化库存管理系统

"××楼"引入了智能化的库存管理系统，通过先进的技术手段实现对食材库存的实时监控和精准管理。系统能够自动记录食材的入库、出库和库存量等信息，并生成相应的报表和预警提示。餐厅管理层可以根据系统数据及时调整采购计划，避免库存积压或短缺的情况发生。

4.分类储存与先进先出原则

"××楼"的食材储存区域按照食材的种类和特性进行分类管

理。海鲜类食材存放在专门的冷藏室，确保温度适宜且保持海鲜类食材的新鲜度；干货和调料则存放在干燥通风的地方，防止受潮和霉变。同时，餐厅严格遵循先进先出的原则，确保食材按照入库顺序进行使用，减少食材过期和浪费的情况。

5.定期盘点与损耗控制

"××楼"实行定期盘点制度，对食材库存进行全面清查。通过盘点，餐厅能够及时发现库存异常和损耗情况，并采取相应的措施进行处理。同时，餐厅还加强对员工的培训和管理，提高员工对食材损耗控制的认识和重视程度，从而减少食材浪费。

6.数据分析与优化

"××楼"的库存管理系统不仅提供了实时数据监控功能，还能生成各类分析报表。通过对这些数据的深入分析，餐厅管理层能够发现采购和库存管理中存在的问题和瓶颈，进而制定针对性的优化措施。例如，根据销售数据调整某些食材的采购量，优化储存布局以提高取货效率等。

通过实施以上措施，"××楼"在食材采购与库存管理方面取得了显著成效。餐厅的食材采购成本得到了有效控制，库存周转率明显提高，食材损耗率大幅降低。同时，餐厅的菜品品质得到了进一步提升，顾客满意度不断提升，为餐厅的稳健发展奠定了坚实基础。

案例点评：

"××楼"通过精准的采购计划、严格的供应商评估与选择、智能化的库存管理系统、分类储存与先进先出原则、定期盘点与损耗控制以及数据分析与优化等措施，实现了对食材采购与库存管理的全面优化。"××楼"成功降低了采购成本、提高了采购效率，确保了食材的品质和供应稳定性。同时，菜品品质得到了进一步提升，消费者满意度不断提升，餐厅的营业额和利润也实现了稳步增长。

第 5 章

菜品研发
与创新

菜品是餐饮的灵魂。它承载着味觉的盛宴与烹饪的艺术，两者相辅相成，共同构成了独特的"味道"。当菜品独具特色，满足顾客的味蕾需求，便能赢得他们的喜爱与青睐，从而培养出高回头率的忠实食客。这样的餐饮店，其生命力自然旺盛，持续吸引着食客的光临。

 【要点解读】▶▶▶ -

1 菜品构思：创意无限，引领潮流

新菜品的开发之旅，始于对创意的无限追求。创意，即是对新菜品诞生的初步构想。虽然并非每个初生的想法都能化为盘中佳肴，但正是这种对创意的广泛收集与酝酿，为新菜品的诞生提供了无限可能。

因此，新菜品的诞生，始终伴随着对创意的精心雕琢与提炼。这些创意，多源自对顾客需求的深刻洞察和烹饪技术的持续积累，而最为宝贵的，则是从传统菜式中汲取的灵感与智慧。正是这些元

素的交融与碰撞，孕育出了新菜品的独特魅力。

一般来说，菜品创意与构思需考虑如表5-1所示的因素。

表5-1　菜品创意与构思需考虑的因素

序号	考虑因素	具体说明
1	结合地域特色	（1）挖掘本地食材和特色风味，将地域文化融入菜品之中 （2）结合当地传统烹饪技法，创新出既传统又新颖的菜品
2	融合多元风味	（1）尝试将不同菜系、不同国家的风味元素融合在一起，创造出独特的味觉体验 （2）结合东西方烹饪技法，打造出跨界融合的菜品
3	关注健康饮食趋势	（1）设计低油、低盐、低糖的菜品，满足消费者对健康饮食的需求 （2）推出素食、无麸质、无乳制品等特定饮食需求的菜品，拓宽目标顾客群体
4	创新食材搭配	（1）尝试将不同食材进行搭配，创造出新颖的口感和风味 （2）利用现代食品科技，对食材进行特殊处理，提升菜品的口感和营养价值
5	引入季节性食材	（1）根据季节变化，推出符合时令的菜品，利用新鲜食材提升菜品品质 （2）结合节日和特殊场合，设计主题菜品，增加节日氛围
6	注重菜品呈现	（1）在菜品色彩、造型、摆盘等方面下功夫，提升菜品的视觉吸引力 （2）利用餐具、装饰物等辅助元素，增强菜品的整体美感
7	考虑顾客需求与反馈	（1）定期收集顾客对菜品的意见和建议，了解顾客的需求和喜好 （2）根据顾客反馈，对菜品进行持续改进和优化，提升顾客满意度

序号	考虑因素	具体说明
8	与厨师团队合作	（1）鼓励厨师团队发挥创意，提出新的菜品构思 （2）定期组织菜品研发活动，激发厨师团队的创新精神
9	结合文化与故事	（1）为菜品添加故事背景和文化内涵，使顾客在品尝美食的同时，也能感受到文化的魅力 （2）通过菜品传达餐厅的品牌理念和价值观，提升品牌形象

2 菜品设计：色香味俱佳，诱人食欲

选择与设计，就是对第一阶段形成的构思和设想进行筛选和优化构思，厘清设计思路。在选择与设计创新菜品时，首先考虑的是选择什么样的突破口。

比如：

原料要求如何？

准备调制什么味型？

使用什么烹调方法？

运用什么面团品种？

配置何种馅心？

造型的风格特色怎样？

器具、装盘有哪些要求等。

对于创新菜品的原料，必须严格遵循国家规定，禁止采用任何受保护的动物品种，同时，也应避免使用任何有毒的原料。原料选择上，既可以采用优质的动物性原料，也可选择营养丰富的植物性

原料作为主料。在烹制过程中，更应注重营养保留与健康安全，尽量避免采用可能导致营养流失过多或对人体有害的烹饪方法，如过度油炸、长时间烟熏等。

 小提示

　　选择创新菜品品种和制作工艺，应以符合现代人的审美观念和饮食要求，同时，为了便于资料保存和归档，创制者应为餐饮店提供详细的创新菜品备案资料。

3 试制完善：精益求精，追求完美

　　创新菜品构思一旦通过筛选，接下来的一项工作就是要进行菜品的试制。创新菜品应从图5-1所示的几个方面来完善。

图5-1　创新菜品的试制与完善

3.1　菜品名称

　　菜品名称，如同人名与企业名一般，承载着举足轻重的意义。一个恰当的菜品名称，不仅要准确反映其独特风味与特色，还需蕴含深意，令人留下深刻印象。因此，为创新菜品命名，既需巧妙捕捉其内在精髓，又要赋予其独特的文化或情感价值，这并非易事。创新菜品命名的总体要求如图5-2所示。

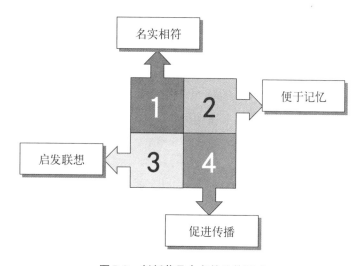

图5-2 创新菜品命名的总体要求

3.2 营养卫生

创新菜品要做到食物原料之间的搭配合理，在配置、成菜过程中符合营养原则，在加工和成菜过程中始终要保持清洁，包括原料处理是否干净，盛菜器皿、菜品是否卫生等。

3.3 外观色泽

外观色泽是指创新菜品显示的颜色和光泽，包括自然色、配色、汤色、原料色等。菜品色泽是否悦目、和谐，是菜品成功与否的重要指标。

菜品的色泽能够激发人们独特的感受，这种感受源自视觉心理的作用。因此，菜品的色彩与人的食欲、情绪等息息相关，紧密相连。当一盘菜品的色彩搭配和谐、恰到好处时，它便能散发出诱人的魅力，激发人们的食欲；反之，若色彩搭配杂乱无章，缺乏规律和美感，则可能引发人们的反感。

对于热菜而言，色泽主要源于主料、配料和调料在烹调过程中的融合与展现。这些食材的配色应当明快、自然、美观，以营造出令人愉悦的视觉效果。同样，面点的颜色也应符合其本身的特色，如洁白、金黄、透明等，要求色调匀称、自然、美观，以呈现其最佳状态。

3.4　嗅之香气

香气，作为菜品火候与锅气完美融合的体现，是绝不容忽视的关键要素。它如同一种无形的魔力，能够唤起人们内心深处的食欲，带来难以抗拒的诱惑。

以福建名菜"佛跳墙"为例，其香气之浓郁，竟有诗云："坛启荤香飘四邻，佛闻弃禅跳墙来"，可见其香之绝妙。

对于创新菜品而言，对香气的追求同样不可小觑。嗅觉所感知的香气，不仅能直接影响人们的饮食体验，更能悄然间改变他们的饮食心理，增强食欲。因此，嗅之香气无疑成为了我们辨别与认识食物的另一重要主观依据。

3.5　品味感觉

味感，即菜品所呈现的整体滋味，涵盖了原料的原味、芡汁的醇香以及佐料的调和。这种滋味的好坏，往往成为评价创新菜品的

核心标准。

（1）在创新热菜中，味感的追求尤为关键。它要求调味恰到好处，口感纯正，主味鲜明，杜绝任何邪味、煳味或腥膻味的干扰。同时，既不能过咸影响口感，也不能过淡显得寡味，更应避免过度使用味精而掩盖原料的本真风味。

（2）而在创新面点的味觉体验上，同样需要细致入微的调味。它应确保口感鲜美，完美呈现面点应有的咸、甜、鲜、香等口味特色。过分浓烈或寡淡的调味都会影响面点本身的独特风味，因此必须谨慎把握。

3.6　成品造型

菜品造型涵盖了原料的精细刀工处理（如大小、厚薄、长短、粗细等精细考量），以及菜品装盘后的整体形态展现，共同构成了菜肴的最终视觉呈现。

中国烹饪艺术博大精深，技艺高超，花样百出。在鲜活与特色原料的巧妙运用下，通过包卷、捆扎、扣制、茸塑、裱绘、镶嵌、捏挤、拼摆、模塑等多种造型手法，以及刀工的精细美化，我们得以欣赏到一盘盘造型别致、千姿百态的"厨艺珍品"。创新菜品的造型风格，无疑在视觉审美上起着先入为主的作用，值得我们在每一道菜品中精心推敲与不断完善。

对于菜品的造型，要求如图5-3所示。

在菜品的装饰上，应注重恰到好处，避免过于花哨以致喧宾夺主，影响菜肴的本质品质。装饰品的选择应倾向于可食用性，如黄瓜、萝卜、香菜、生菜等，它们既能增添美感，又能确保饮食安全。特殊装饰品需与菜品风格相协调，且必须符合卫生标准。在装饰过

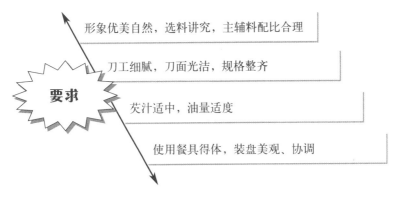

图5-3　菜品造型的要求

程中，应严格区分生熟食材，防止汁水影响主菜的口感。

对于面点的造型，追求的是大小一致、形象优雅、层次与花纹清晰，以及装盘的整体美观。在陪衬面点时，可以适当运用构思合理的食用性点缀物，以增添面点的吸引力。但坚决反对过分装饰，以免主副颠倒，失去面点本身的魅力。

3.7　菜品质感

质感，即菜品所展现的质地特性，涵盖了成熟度、爽滑度、脆嫩度、酥软度等多个维度。这是菜品在口腔中引发的直观口感体验，如柔软与坚硬、鲜嫩与老化、酥脆与绵软、滑润与干涩、蓬松与紧实、绵密与黏滞、柔和与坚韧等。

当菜品与口腔接触，其物理特性和温度带来的刺激会唤起一系列丰富的口感体验，这是创新菜品在设计中必须精心推敲的要点。尽管地域文化的差异导致人们对菜品的评价各有千秋，但总体而言，如图5-4所示，我们追求的是让人们在咀嚼品尝时，能够感受到菜品带来的可口与舒适，达到味蕾与心灵的双重满足。

图5-4　菜品质感要求

不同菜品呈现出千差万别的质感，关键在于火候的精准掌控。每道菜品都应严格遵循其独特的质地要求。除特定情况外，蔬菜应当追求爽口且无生涩之感，确保鲜嫩可口；鱼、肉类则必须达到断生状态，即完全熟透且无异味，火候的把控尤为关键，避免过火导致焦煳或火候不足留下生腥；面点制作同样要求火候适中，以凸显其应有的质地特色，确保每一口都尽显美味。

💡 **小提示**

为了打造"质感之美"，需对食品原料、加工和熟制等环节进行周密的策划与精细的操作。这要求厨师具备精湛的技艺和匠心独运的洞察力，确保每一步骤都恰到好处，从而完美呈现预期的质感和口感。

3.8　分量把握

菜品完成后，细致审视其原料的构成与布局，需特别注意主料与配料的比例是否和谐，以及料头和芡汁的用量是否恰到好处。原料过于堆砌，会使盘面显得臃肿，缺乏清爽感；反之，若原料不足或数量过少，则会使盘面显得干瘪，甚至有误导顾客之嫌。

3.9　盘饰包装

创新菜品完成后，适宜的盘饰美化至关重要。这种美化并非仅为了产品的外在美观，而是旨在服务消费者，通过吸引目光、激发食欲，促使菜品更快实现其美味价值。因此，对于创新菜品的装饰，我们追求的是必要、简洁且恰到好处的艺术效果，具体要求如图5-5所示，确保每道菜品都能以最佳姿态呈现在食客面前。

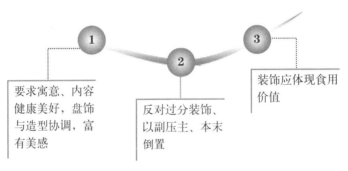

图5-5　菜品装饰的要求

3.10　市场试销

新菜品一经研制成功，便需迅速投放市场，以实时掌握顾客的反馈。市场试销即是将这款新菜品在特定餐厅中进行销售实验，观察其市场反响，并从餐厅的试销中收集反馈信息，为制作者提供宝贵的参考，从而进行分析和持续优化。

顾客的赞扬无疑能增强管理者与制作者的信心，而批评则更能助力制作者发现并克服潜在的不足。因此，我们需要对就餐顾客的

评价进行细致的收集整理，保留那些有益的建议，对不足之处进行针对性的改进，力求将新菜品推向更加完美的境地。

生意经

　　创新菜肴上市后应加强跟踪管理，观察统计新菜品的销售情况，通过不同渠道收集信息和资料，根据销售态势及反馈的信息，分析存在的问题，不断完善新菜品。

4 质量控制：严格标准，品质卓越

　　菜品质量是整个餐厅赖以生存的基础，菜品质量不稳定是经营失败的主因之一。所以，菜品质量可说是餐饮店的生命线。菜品质量受多种因素影响，其变动较大。餐饮店要想确保各类菜品质量的稳定和可靠，就要采取多种措施和有效的控制方法来保证菜品符合要求。

4.1　阶段控制法

（1）原料阶段控制

菜品质量在原料阶段的控制措施可参考表5-2所示的几个方面。

表5-2　菜品质量在原料阶段的控制措施

序号	阶段	具体措施
1	原料采购	要确保购进原料能最大限度地发挥其应有作用，使加工生产变得方便快捷。没有制定采购规格标准的一般原料，也应以保证菜品质量、按菜品的制作要求以及方便生产为前提，选购规格分量相当、质量上乘的原料，避免购入残次品

序号	阶段	具体措施
2	原料验收	验收各类原料，要严格依据采购规格标准进行，对没有规定规格标准的采购原料或新上市的品种，要认真检查，从而保证验收质量
3	原料储存	严格区分原料性质，对原料进行分类储藏。加强对储藏原料的食用周期检查，杜绝过期原料再加工现象。同时，应加强对储存再制原料的管理，如泡菜、泡椒等。如这类原料需要量大，须派专人负责。厨房已领用的原料，也要加强检查，确保其质量可靠且卫生安全

（2）生产阶段控制

菜品质量在生产阶段主要应控制申领原料的数量和质量，菜品加工、配份和烹调的质量，具体如表5-3所示。

表5-3　菜品质量在生产阶段的控制措施

序号	阶段	具体内容
1	加工	（1）严格计划领料，并检查各类原料的质量，确认符合要求才可加工生产 （2）对各类原料的加工和切割，一定要根据烹调的需要，制定原料加工规格标准，保证加工质量 （3）对各类浆、糊的调制建立标准，避免因人而异盲目操作
2	配份	（1）准备一定数量的配菜小料即料头。对大量使用的菜肴主、配料的控制，则要求配份人员严格按菜肴配份标准，称量取用各类原料，以保证菜肴风味 （2）随着菜肴的翻新和菜肴成本的变化，及时调整用量，修订配份标准，并由专人监督执行
3	烹调	（1）开餐经营前，将经常使用的主要味型的调味汁，批量集中兑制，以便开餐烹调时随时取用，以减少因人而异造成的偏差，保证出品口味质量的一致性 （2）根据经营情况确定常用的主要味汁，并制定定量使用标准

（3）消费阶段控制

菜品质量在消费阶段的控制措施可从表5-4所示的两个方面进行。

表5-4　菜品质量在消费阶段的控制措施

序号	阶段	具体内容
1	备餐	备餐环节需精心准备，确保每道菜肴都配备相应的佐料、食用器具。每道菜肴宜搭配一至两个味碟，通常由厨房根据就餐人数灵活调配。此外，应设立明确的备餐规定和标准，加强服务监督，以提供更加便捷、周到的用餐体验，满足顾客需求监督
2	上菜	服务员在上菜时，务必保持及时且规范的服务流程，主动清晰地报出菜名。如遇食用方法独特的菜肴，应适时向顾客作简要介绍或提供必要的食用提示，以确保顾客能够充分享受美食的独特风味

4.2　岗位职责控制法

通过明确的岗位分工，能够进一步强化各岗位的职能，同时辅以严格的检查与督促措施，从而实现对菜品质量较好的控制效果，具体控制措施如表5-5所示。

表5-5　菜品质量的岗位职责控制法

序号	控制方法	具体措施
1	所有工作均应落实	（1）厨房所有工作均应明确划分，合理安排，毫无遗漏地分配至各加工生产岗位 （2）厨房各岗位应强调分工协作，每个岗位所承担的工作任务应该是本岗位比较便利完成的，厨房岗位职责明确后，要强化各司其职、各尽其能的意识 （3）员工在各自的岗位上保质保量并及时完成各项任务，这样菜品质量控制便有了保障

序号	控制方法	具体措施
2	岗位责任应有主次	（1）将一些价格昂贵、原料高档，或针对高规格、重要身份顾客的菜肴的制作，以及技术难度较大的工作列入主厨、砧板厨师等重要岗位职责内容，在充分发挥厨师技术潜能的同时，进一步明确责任 （2）对于厨房菜肴的口味把控，以及那些对整体生产流程产生显著影响的关键任务，应严格按照规定，确保这些任务由各个工种中具备专业技能的重要岗位人员来完成 （3）员工要认真对待每一项工作，主动接受监督，积极配合、协助完成厨房生产的各项任务

4.3　重点控制法

菜品质量重点控制法是指对重点岗位和环节、重点客情和任务、重大活动的控制，具体措施如表5-6所示。

表5-6　菜品质量重点控制法

序号	控制点	具体措施
1	重点岗位、环节控制	（1）对厨房运转进行全面细致的检查和考核 （2）对厨房菜品质量的检查，可采取餐厅自查的方式，或凭借顾客意见征求表或向就餐顾客征询意见等方法 （3）聘请有关专家、同行检查，进而通过分析，找出影响菜品质量问题的主要原因，并对此加以重点控制，改进工作从而提高菜品质量
2	重点客情、重要任务控制	（1）菜单的制订需精准且有针对性，从原料的精选到菜品的最终出品，始终将安全、卫生和质量控制作为核心关注点，确保每一道菜品都符合高标准 （2）餐饮店须加强各个岗位环节的生产监督和质量检查控制，优先选择技术精湛、心态稳健的厨师进行烹饪，以确保菜品的质量与口感

序号	控制点	具体措施
2	重点客情、重要任务控制	（3）每道菜品的构思都力求新颖独特，安排专人进行全程跟踪与负责，严格避免与其他菜品交叉混放，从而确保制作与出品过程中的每一个环节都万无一失 （4）在顾客用餐结束后，主动征询其意见和建议，积极收集并整理相关资料，为未来的工作提供有益的参考与借鉴
3	重大活动控制	（1）在菜单制订之初，综合考虑各种因素，精心打造一份（或数份）独具特色风味的菜单，以满足不同顾客的口味需求 （2）精心组织并合理使用各种原料，合理配置厨房人力资源，合理安排使用时间和厨房设备，以确保各类菜品能够及时、妥善地供应给顾客 （3）厨房的生产管理人员和主要技术骨干亲自参与主要岗位的烹饪制作，确保产品质量在每个阶段都得到严格把控 （4）在重大活动期间，前后台的紧密配合至关重要，须加强走菜与停菜的沟通，有效掌控出菜的节奏，确保服务流程顺畅 （5）在厨房内部，由餐厅统一指挥调度，确保出菜的次序井然有序，以满足顾客的需求 （6）在重大活动期间，加强厨房内的安全、卫生控制检查，以确保各项安全措施得以落实，防止意外事故的发生

5　异物防控：安全为先，顾客至上

顾客在享受美食之际，偶尔会遇到菜品中混入异物的情况，这无疑构成了严重的菜品质量问题。这类意外不仅给顾客的用餐体验带来极大困扰，甚至可能引发他们强烈的不满和投诉。面对此类情况，若处理不当，无疑将给餐饮店的形象和声誉带来严重损害。

5.1 常见的异物种类

菜品中常见的异物主要包括以下几类：

（1）金属类异物，如清洁丝、螺丝钉、书钉等，可能因操作不慎混入。

（2）毛发、纸屑、烟蒂等常见杂物，需严格把控厨房卫生。

（3）动物毛发，尤其是猫狗等宠物的毛发，需防范宠物进入食材处理区域。

（4）布条、线头、胶布、创可贴等，可能因包装或处理过程中疏忽所致。

（5）自然类异物，如杂草、木屑、竹刷棍等，需确保食材来源的清洁与安全。

（6）玻璃、陶瓷碎片，如碎玻璃碴、瓷片等，需防范餐具破损或混入。

（7）食材本身的残留物，如骨头渣、鱼骨刺、鱼鳞等，需确保食材处理彻底。

（8）砂粒、石渣、泥土等杂质，需严格筛选和清洗食材。

（9）小型动物，如苍蝇、蚊虫、飞虫、蜘蛛等，需加强厨房防虫措施，确保食品安全。

5.2 控制异物的措施

菜品中混入杂物、异物，将可能导致菜品被有害物质污染，进而影响食用安全。即便某些异物并非有害物质，但同样会给顾客带来强烈的不适感。更为严重的是，某些尖锐或坚硬的异物，如碎玻璃碴、钢丝钉等，若不慎被顾客食用，可能直接造成身体伤害，对

顾客的用餐体验构成严重威胁。顾客因此，餐饮店应采取如图5-6所示的有效控制措施，避免菜品中混入杂物、异物。

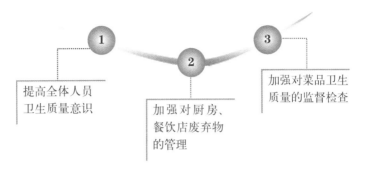

图5-6 控制菜品中混入杂物、异物的措施

（1）提高全体人员卫生质量意识

提高全体人员卫生质量意识，是指强化菜品加工人员、传菜人员、服务人员（分餐人员）的个人卫生的管理，具体措施如图5-7所示。

措施一	所有与菜品接触的员工必须留短发，男员工不许留胡子
措施二	厨房员工上班必须戴帽子，服务人员采取喷发胶等预防措施，避免头发落入菜中。严格执行作业时的操作规程和卫生标准
措施三	原料初加工的过程，必须将杂物剔除干净，尤其是蔬菜类的拣选加工
措施四	切割好的原料放置在专用盒中，并加盖防护，避免落入异物
措施五	抹布的使用要特别注意，避免线头等混入菜料中

措施六	根据实际情况，可在传菜过程中加盖
措施七	禁止使用清洁丝洗涤器皿，以避免断下的钢丝混入菜中
措施八	后勤人员保养维护烹饪设备时要严禁将螺丝钉、电线头、玻璃碴等乱扔乱放

图5-7 提高全体人员卫生质量意识的措施

（2）加强对厨房、餐饮店废弃物的管理

强化厨房与餐饮店内废弃物的规范管理，严禁员工随意丢弃、散放零散物品、残余食材及各类废弃物，这不仅是保障食品卫生的必要举措，更是预防异物、杂物混入菜品，维护顾客健康与安全的重要环节，具体措施如图5-8所示。

措施一	所有废弃物必须使用专门设备存放，并且要加盖防护
措施二	须由专人按时对垃圾桶进行清理
措施三	餐饮店内应设专门的隐藏式废弃物桶，严禁服务人员将废纸巾、牙签、烟头等乱扔乱倒，尤其要禁止将餐饮店内的废物与餐具混放

图5-8 加强对厨房、餐厅废弃物的管理措施

（3）加强对菜品卫生质量的监督检查

通常，菜品中有异物出现，往往源于加工、传递过程中监管和检查的疏忽。鉴于此，我们必须对各个环节的菜品卫生质量加强监督和检查，确保每一道菜品都符合卫生标准，具体措施如图5-9所示。

措施一	建立专门的质检部门，并设专职的菜品卫生质量检查员
措施二	从初加工、切配、打荷、烹制、划菜、传菜、上菜、分餐等环节的岗位员工，必须对原料或菜品成品认真检查，杜绝一切可能混入菜品中的杂物
措施三	每下一工序或环节对上一工序或环节的卫生质量进行监督，发现卫生问题，立即退回重新制作处理
措施四	实行卫生质量经济责任制，对菜品中发现的异物、杂物的混入事件进行严肃处理与处罚，以引起全体员工的重视

图5-9　加强对菜品卫生质量监督检查的措施

案例分享

××餐厅位于市中心繁华的商业区，以其独特的菜品和卓越的服务赢得了广大顾客的喜爱。近年来，为了保持竞争力并满足顾客不断变化的需求，××餐厅在菜品开发与管理方面进行了一系列创新举措。

1.市场调研与定位

××餐厅首先进行了深入的市场调研，分析了目标顾客群体的口味偏好、消费习惯以及市场趋势。通过调研发现，顾客对于健康、新鲜和具有创意的菜品越来越感兴趣。因此，××餐厅决定将菜品定位为"健康、创意、高品质"，以满足顾客的需求。

2.菜品创意构思与研发

基于市场调研结果，××餐厅的厨师团队开始构思创新菜品。

他们结合本地食材和特色风味，同时融入现代烹饪技法和多元化风味元素，打造出了一系列独特的菜品。例如，他们利用当地特产的新鲜蔬菜，结合独特的调味手法，推出了"田园时蔬拼盘"；又如，他们采用低油、低盐的烹饪方式，结合中西合璧的调味技巧，推出了"健康轻食沙拉"。

在研发过程中，××餐厅还注重食材的选择和处理。他们与优质供应商建立了长期合作关系，确保食材的新鲜度等品质。同时，他们还采用现代化的食品处理技术，对食材进行精细处理，提升菜品的口感和营养价值。

3.菜品测试与调整

新菜品研发完成后，××餐厅邀请了一批目标顾客群体进行试吃。通过收集顾客的反馈意见，他们对菜品进行了针对性的调整和改进。例如，根据顾客的口味偏好，他们对某些菜品的调味进行了微调；根据顾客的健康需求，他们对部分菜品的烹饪方式进行了改进。经过多次测试和调整，新菜品最终达到了令顾客满意的程度。

4.菜品推广与营销

为了让更多顾客了解和品尝到新菜品，××餐厅制定了一系列推广和营销策略。他们通过社交媒体平台发布新菜品的信息和图片，吸引顾客的关注；同时，还与合作伙伴举办了一系列促销活动，如"新品尝鲜优惠""分享好友得折扣"等，鼓励顾客尝试新菜品。此外，××餐厅还定期举办主题菜品推广活动，结合节日和特殊场合推出特色菜品，增加顾客的参与度和忠诚度。

5.菜品管理与更新

为了确保菜品品质的稳定性和持续性，××餐厅建立了一套完善的菜品管理制度。他们制定了严格的食材采购、储存和加工流程，确保食材的品质和安全；同时，他们还定期对厨师进行培训和考核，提升厨师的烹饪技能和创新能力。此外，××餐厅还建立了顾客反馈机制，及时收集和处理顾客的投诉和建议，对菜品进行持续改进和优化。

在菜品更新方面，××餐厅注重与时俱进，根据市场变化和顾客需求调整菜品结构。他们定期推出新菜品，替换掉一些销量不佳或过时的菜品，保持菜单的新鲜感和吸引力。

案例点评：

凭借一系列菜品开发与管理上的创新实践，××餐厅不仅显著提升了菜品的整体品质，更使得顾客满意度大幅攀升。这些举措不仅吸引了众多新顾客，也成功留住了忠实的老顾客群体。如今，××餐厅已然成为市场上备受瞩目的餐饮品牌之一。

第6章

团队建设与管理

餐饮店员工管理是一项多维度的综合性工作，其核心在于优化员工工作效率，提升服务品质，进而推动餐厅的稳步成长。这一过程不仅能够为餐厅的长期繁荣打下坚实基础，同时也能够增强员工的满足感和归属感，提高员工的忠诚度，为餐厅的可持续发展注入源源不断的活力。

【要点解读】 ▶▶▶ -

1 人员配置：各司其职，协同作战

餐饮店的员工配置，需要综合考虑餐厅规模、业务需求、员工技能等多种因素。通过合理的配置和有效的管理，可以确保餐饮店的员工配置能够满足业务需求并为顾客提供优质的服务。

1.1 岗位分析与需求确定

首先，对餐饮店的岗位进行详细的分析，明确每个岗位的具体职责和要求。根据餐饮店的规模和业务需求，确定所需员工的数量和类型。

1.2 前厅员工配置

前厅是顾客接触的第一线，因此前厅员工的配置十分重要，具体要求如图6-1所示。

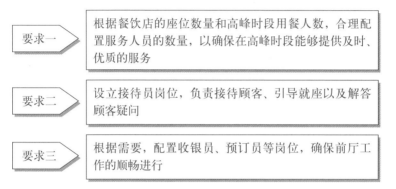

要求一　根据餐饮店的座位数量和高峰时段用餐人数，合理配置服务人员的数量，以确保在高峰时段能够提供及时、优质的服务

要求二　设立接待员岗位，负责接待顾客、引导就座以及解答顾客疑问

要求三　根据需要，配置收银员、预订员等岗位，确保前厅工作的顺畅进行

图6-1　前厅员工配置要求

1.3 厨房员工配置

厨房是餐饮店的核心区域，厨房员工的配置直接影响到菜品的质量和供应速度。厨房员工配置要求如图6-2所示。

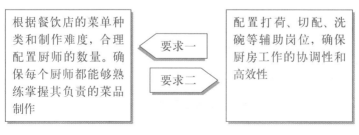

根据餐饮店的菜单种类和制作难度，合理配置厨师的数量。确保每个厨师都能够熟练掌握其负责的菜品制作

要求一

要求二

配置打荷、切配、洗碗等辅助岗位，确保厨房工作的协调性和高效性

图6-2　厨房员工配置要求

1.4　后勤与清洁人员配置

后勤人员负责餐饮店的物资管理和设备维护，以确保餐饮店的正常运营，配置要求如图6-3所示。

图6-3　后勤与清洁人员配置要求

 生意经

　　员工配置并非一成不变，应根据餐饮店的实际情况进行灵活调整。可在节假日、促销活动期间或特殊时期，适当增加员工数量以满足业务需求。并定期对员工配置进行评估和优化，确保员工配置与餐饮店业务需求相匹配。

🔗 相关链接

厨师长选拔秘籍

　　选配餐饮店的厨师长是一个重要且复杂的任务，需要考虑多个方面。

1.明确厨师长的职责和要求

厨师长是厨房团队的领导者，需要具备全面的厨艺技能、管理能力、团队协调能力和创新能力。

厨师长需要负责菜单设计、成本控制、食材采购、菜品质量控制以及厨房团队的日常管理和培训等工作。

2.寻找合适的候选人

通过招聘网站、社交媒体、行业内部推荐等渠道寻找合适的厨师长候选人。

注重候选人的专业背景、工作经验、厨艺水平以及管理能力等方面的考察。

3.进行面试和评估

安排面试，与候选人进行深入交流，了解其个人经历、管理理念、菜品创新思路等。

邀请候选人进行厨艺展示，评估其厨艺水平和创新能力。

考察候选人的团队协作能力、沟通能力和解决问题的能力。

4.考虑候选人的适应性和契合度

评估候选人是否适应本店的文化和氛围，是否能够与团队和谐共处。

考虑候选人的价值观是否与本店的价值观相符，是否能够共同推动餐饮店的发展。

5.制定薪酬和福利待遇

根据候选人的能力和经验，制定合理的薪酬和福利待遇，以吸引和留住优秀的厨师长。

6.进行试用期评估

在候选人正式上任前，可以设置一个试用期，以便更全面地评估其能力和表现。

在试用期内，关注厨师长的工作表现、团队合作情况以及菜品质量等方面的变化。

通过以上步骤，通常可以找到一位合适的厨师长，为餐饮店的菜品质量、成本控制和团队管理等方面带来积极的影响。同时，为了确保厨师长能长期稳定工作，餐饮店也需要提供良好的工作环境和待遇，以激发其工作热情和创造力。

2 人才招聘：精挑细选，广纳英才

餐饮店的员工招聘是一项复杂而重要的工作，它直接关系到餐厅的运营效率和顾客满意度。一般来说，员工招聘的步骤和要求如表6-1所示。

表6-1 员工招聘的步骤和要求

序号	招聘步骤	具体要求
1	明确招聘需求	餐饮店需要明确自己的招聘需求，包括需要招聘的岗位、数量以及具体的职责和要求。这有助于确保招聘到的人员能够符合餐厅的运营需求
2	制订招聘计划	根据招聘需求，制订详细的招聘计划，包括招聘时间、渠道、预算等。确保计划合理、可行，并能有效吸引目标人群

序号	招聘步骤	具体要求
3	选择合适的招聘渠道	可以通过多种渠道进行招聘，如在线招聘平台、社交媒体、招聘网站、校园招聘等。根据餐厅的定位和目标人群，选择合适的招聘渠道，提高招聘效率
4	编写吸引人的职位描述	职位描述应清晰明了，突出岗位职责、要求和待遇，以吸引潜在求职者的关注。同时，注意使用简洁、有力的语言，让描述更具吸引力
5	筛选简历与面试	收到简历后，仔细筛选符合要求的候选人，并安排面试。面试过程中，应注重考察候选人的专业技能、沟通能力、服务态度等，以确保招聘到的人员具备胜任岗位的能力
6	进行背景调查与录用决策	在决定录用前，对候选人进行必要的背景调查，了解其过往工作经历、品行等。根据面试和背景调查结果，做出合理的录用决策

3 系统培训：技能提升，专业成长

通过系统的培训，员工能够掌握必要的技能，提升服务质量，确保食品安全与卫生，增强员工的团队合作能力和工作积极性，从而为餐厅的长期发展奠定坚实的基础。

3.1 新员工入职培训

餐饮店新员工培训是一个全面而系统的过程，旨在帮助新员工快速适应工作环境、掌握服务技能、提升服务质量。通过有效的培训，新员工可以更好地为餐厅的长期发展作贡献。新员工具体培训内容如表6-2所示。

表6-2　新员工入职培训内容

序号	培训内容	具体说明
1	门店的基本情况	包括文化理念、服务宗旨以及经营特色。这有助于新员工更好地融入团队，理解餐厅的运营理念和服务标准
2	规章制度的学习	新员工需要熟悉餐厅的各项规章制度，如工作时间、考勤规定、行为准则等，以确保新员工能够在工作中遵守规定，维护餐厅的正常运营
3	岗位职责的明确	新员工需要明白自己的具体岗位职责和工作范围，以便更好地履行工作职责、提高工作效率

在培训形式上，可以采用多种方式进行。例如，可以安排新员工参加系统的岗位培训课程，包括餐饮服务基础知识、各项操作技能等。同时，也可以组织新员工进行实践操作，通过模拟实际工作场景，让他们更好地掌握服务流程和技能。

培训结束后需要进行考核和评估。通过考核，可以检验新员工的学习成果和掌握程度；而评估则有助于发现培训中存在的问题和不足，为今后的培训提供改进方向。

3.2　食品安全与卫生培训

通过全面的食品安全与卫生培训，员工能够增强食品安全意识，掌握正确的操作规范，为顾客提供安全、卫生的菜品。这不仅有助于提升餐厅的形象和竞争力，还能有效预防食品安全事故的发生，保障顾客的饮食安全，具体内容如表6-3所示。

表6-3　食品安全与卫生培训内容

序号	培训内容	具体说明
1	食品安全知识	员工需要深入了解食品安全的重要性，以及如何在日常工作中确保食品的安全。包括食品采购、储存、加工、烹饪和销售的各个环节，都需要严格遵守食品安全规定
2	食品储存与处理	为确保食品的新鲜与安全，员工必须接受全面的培训，学习并掌握食品储存的正确方法，包括但不限于食品的冷藏与冷冻技巧，防止食物间的交叉污染等。员工还需学会根据食品的不同特性，采取恰当的储存措施，从而确保食品在储存过程中保持最佳状态
3	卫生操作规范	培训员工掌握详尽的卫生操作规范，涵盖手部清洁、厨房保洁和餐具消毒等方面。员工必须掌握正确的洗手流程，有效避免在食品处理过程中产生的交叉污染。同时，厨房环境和餐具的彻底清洁与定期消毒同样是确保食品卫生不可或缺的重要环节
4	食物中毒的预防	员工必须深入了解食物中毒的成因、典型症状以及有效的预防措施。此外，员工还需掌握如何迅速识别并妥善处理食物中毒事件，确保每一位顾客的健康安全得到保障
5	相关法律法规	确保员工全面熟悉并深入理解与食品安全息息相关的法律法规，特别是《中华人民共和国食品安全法》等核心法规。员工必须清晰了解法律对食品生产、销售及餐饮服务各个环节的明确要求

在培训过程中，可以采用理论讲解、案例分析、实践操作等多种形式，以帮助员工更好地理解和掌握食品安全与卫生知识。同时，餐厅管理层应定期对员工的培训效果进行评估和反馈，以确保培训的有效性和持续改进。

3.3　餐饮服务技能培训

餐饮店员工服务技能培训是一个系统而全面的过程，旨在提升员工的服务技能和服务质量。通过有效的培训，员工可以更好地为顾客提供优质的服务，从而提升餐厅的品牌形象和竞争力，具体内容如表6-4所示。

表6-4　餐饮服务技能培训内容

序号	培训内容	具体说明
1	基础服务礼仪	包括员工的仪表仪态、礼貌用语以及服务态度等方面。员工需要学会如何以热情、友好的态度接待顾客，保持微笑服务，并使用礼貌用语与顾客交流。同时，员工的仪态和仪表也要符合餐厅的形象要求，给顾客留下良好的第一印象
2	沟通技巧	员工需要掌握有效的沟通技巧，包括如何倾听顾客的需求、如何回答顾客的问题、如何与顾客建立良好的沟通关系等。通过良好的沟通，员工可以更好地理解顾客的需求，提供个性化的服务，从而提升顾客的满意度
3	餐食服务	培训员工熟练使用餐具，如刀叉、餐巾等，以及正确摆放餐具的方法，确保顾客在用餐过程中得到周到的服务
4	菜品知识	确保员工了解餐厅的菜单，包括菜品的名称、制作方法、食材来源等信息，以便向顾客提供详细的菜品介绍和推荐

在培训过程中，可以采用多种方式进行。例如，可以通过角色扮演、模拟场景等方式让员工在实践中学习和掌握服务技能。同时，也可以邀请经验丰富的员工或专业人士进行分享和指导，让员工从他们的经验中汲取知识和技巧。

3.4 团队合作培训

餐饮店应该培养员工的团队精神和协作能力，为餐饮店的顺利运营和顾客满意度提升而努力。

（1）明确培训目标。团队合作培训的首要任务是让员工认识到团队合作的重要性，并学会在团队中发挥自己的优势，与同事协同工作。通过培训，员工应能够提升沟通能力、解决冲突的能力以及协作配合的能力。

（2）培训内容设计。团队合作培训的内容主要如表6-5所示。

表6-5　团队合作培训的内容

序号	培训内容	具体说明
1	团队沟通与协作技巧	培训应涵盖有效的沟通技巧，如倾听、表达、反馈等，以及如何在团队中分享信息、分配任务、解决问题
2	团队角色与责任	明确每个团队成员在团队中的角色和职责，以及如何相互支持和配合，实现共同目标
3	冲突处理与团队建设	教授员工如何处理团队中的冲突和分歧，以及如何组织团队建设活动，增强团队凝聚力和向心力

（3）培训方法选择。团队合作培训的方法可以采取如图6-4所示的几种。

案例分析

通过分析真实的团队合作案例，让员工了解团队合作的实际情况和应对策略

角色扮演

让员工通过模拟实际工作场景，进行角色扮演，实践团队沟通与协作技巧

小组讨论

组织员工进行小组讨论，分享团队合作的经验和心得，互相学习和借鉴

图6-4　团队合作培训的方法

（4）培训效果评估。培训结束后，需要对培训效果进行评估。可以通过观察员工在实际工作中的表现、收集员工的反馈意见、进行团队绩效评估等方式来评估培训效果。根据评估结果，对培训内容和方法进行调整和改进，以提升培训效果。

（5）持续支持与跟进。团队合作培训不应仅停留在一次性的活动上，而应成为餐饮店文化的一部分。店主应持续关注员工的团队合作情况，提供必要的支持和指导，确保团队合作的顺利进行。同时，可以定期组织团队建设活动，增强员工的归属感和凝聚力。

4 考核激励：公平公正，激发潜能

对餐饮店员工进行考核与激励是提升员工工作积极性、服务质量和餐厅整体竞争力的关键手段。通过制定合理的考核标准、实施有效的激励措施以及持续改进管理制度，可以激发员工的潜能和创造力，为餐厅的长期发展奠定坚实的基础。

4.1 员工考核

（1）考核标准与流程。首先，制定明确的考核标准，包括工作态度、服务质量、工作效率、团队协作等多个方面。同时，确保考核流程公正、透明，让每位员工都清楚考核的标准和流程。

（2）日常评价与定期考核。在日常工作中，对员工进行实时评价，以了解其工作表现。此外，定期进行综合考核，如季度考核或年度考核，以全面评估员工的工作绩效。

（3）反馈与改进。考核结束后，及时向员工反馈考核结果，指出其优点和不足，并提供改进建议。同时，鼓励员工进行自我反思和提升，以更好地适应岗位需求。

4.2 员工激励

员工激励可以采取如表6-6所示的方式。

表6-6 员工激励的方式

序号	激励方式	具体说明
1	物质激励	通过薪资、奖金、津贴等物质形式，对员工的工作表现进行奖励。根据员工的工作绩效和贡献，给予相应的物质回报，以激发其工作积极性
2	精神激励	注重员工的精神需求，通过表扬、认可、晋升等方式，给予员工精神上的鼓励和支持。同时，举办各种团队活动，增强员工的归属感和凝聚力
3	发展机会	为员工提供学习和发展的机会，如培训、进修、轮岗等，帮助员工提升专业技能和综合素质。通过职业发展路径的规划，让员工看到自己的未来发展方向

4.3 考核与激励的结合

将考核与激励相结合，形成有效的管理机制。通过考核了解员工的工作表现，根据考核结果给予相应的激励措施。同时，将激励作为考核的延伸，通过激励手段激发员工的工作潜能和创造力。

4.4 注意事项

在实施员工考核与激励的过程中，需注意如图6-5所示的事项。

1	公平公正	确保考核与激励过程公平公正，避免主观臆断和偏见。以事实为依据，以数据为支撑，确保考核结果的客观性和准确性
2	及时反馈	考核与激励结果应及时反馈给员工，以便员工了解自己的表现和不足，及时调整工作策略
3	持续改进	不断完善考核与激励制度，根据餐厅的经营情况和员工的需求变化，适时调整考核标准和激励措施，以确保其有效性和适用性

图6-5　员工考核与激励的注意事项

5　关怀福利：温暖人心，留住人才

对餐饮店员工实施关怀与福利制度旨在创造一个良好的工作环境，提供具有吸引力的薪酬福利和职业发展机会，从而增强员工的归属感和忠诚度，提高餐厅的整体运营效率和服务质量。

5.1　员工关怀

餐饮店可从表6-7所示的几个方面来实施员工关怀。

表6-7　员工关怀的实施要点

序号	实施要点	具体说明
1	工作环境优化	确保餐厅的工作环境安全、卫生和舒适，为员工提供清洁的洗手间、更衣室和休息区，以及高效的通风系统，以减少油烟和异味对员工健康的影响

序号	实施要点	具体说明
2	工作压力管理	通过制订合理的工作计划，避免员工过度劳累，确保他们有足够的休息时间。同时，建立员工心理健康专项辅导，帮助员工缓解工作压力
3	职业发展支持	为员工提供充分的培训和支持，包括内部培训、外部进修，以及团队建设、沟通技巧、服务技能等方面的培训，帮助员工提升专业素养和技能水平

5.2 员工福利

餐饮店可从表6-8所示的几个方面来做好员工福利。

表6-8　员工福利的实施要点

序号	实施要点	具体说明
1	薪酬福利	提供具有竞争力的基本工资，确保员工的基本生活需求。根据员工的工作表现和业绩，提供绩效奖金，激励员工提高工作效率。此外，为员工提供交通津贴、餐补、住宿补助等，以减轻员工的生活压力
2	健康福利	为员工提供健康保险，保障员工及其家庭成员的健康安全。定期组织员工进行体检，及时发现并预防潜在的健康问题。同时，组织健康讲座，提高员工的健康意识和自我保健能力
3	休假制度	设立合理的休假制度，确保员工能够享受带薪年假、病假以及其他特殊假期，以便员工在工作与生活之间找到平衡点
4	婚丧福利	为员工提供结婚、直系亲属结婚庆贺，员工本人、直系亲属及非直系亲属的奠仪，以及因伤病住院的慰问金等福利
5	其他福利	如为员工提供营养均衡的工作餐，组织健身与休闲活动，增强员工的身体素质和免疫力；在传统节日为员工发放节日福利，营造温馨的节日氛围

××餐厅是一家位于市中心的中高档餐饮店，以提供精致美食和优质服务而闻名。近年来，随着市场竞争的加剧和顾客需求的多样化，餐厅管理层意识到员工管理对于提升服务质量和餐厅竞争力的重要性。因此，××餐厅决定对现有的员工管理体系进行优化，以提升员工的工作积极性和服务质量。

1.员工管理体系优化措施

（1）制定明确的岗位职责与工作流程。餐厅对各个岗位的职责进行了重新梳理和明确，制定了详细的工作流程和操作规范。员工在上岗前需接受系统的岗位培训，确保他们了解并熟练掌握自己的工作内容和要求。同时，餐厅还建立了工作检查机制，定期对员工的工作绩效进行评估，确保工作质量和效率。

（2）建立绩效考核与激励机制。××餐厅引入了绩效考核制度，对员工的工作表现进行定期评价。绩效考核包括工作态度、服务质量、团队协作等多个方面，通过量化指标和客观评价，确保考核结果的公正性和准确性。根据考核结果，餐厅给予优秀员工相应的奖励和晋升机会，激发员工的工作积极性和创造力。

（3）加强员工关怀与福利。餐厅注重员工的身心健康和职业发展，为员工提供了丰富多样的福利和关怀措施。包括提供营养均衡的工作餐、组织定期的健身与休闲活动、为员工购买健康保险等。此外，餐厅还建立了员工心理健康辅导机制，帮助他们缓解工作压力、提升幸福感。

（4）推行员工培训计划。为了提升员工的专业素养和技能水平，××餐厅制订了详细的员工培训计划。培训内容包括服务技能、沟通技巧、食品安全知识等多个方面，通过内部培训、外部进修以及实践操作等方式，帮助员工不断提升自己的综合素质和能力。

2.实施效果

经过一段时间的实施，××餐厅的员工管理体系优化取得了显著成效。员工的工作积极性和服务质量得到了明显提升，餐厅的顾客满意度和口碑也随之提高。同时，员工的流失率明显降低，餐厅的整体运营效率得到了提升。

案例点评：

××餐厅的员工管理体系优化案例充分彰显了高效员工管理对于提升餐饮服务质量及竞争力之核心价值。通过确立清晰的岗位职责与工作流程，构建公正的绩效考核与激励机制，深化员工关怀与福利，并推行定制化的员工培训计划，该餐厅成功激发了员工的内在动力与创新潜能，进而显著提升了整体运营效能。

其他餐饮店在参考此案例时，应基于自身经营特性与实际情况，进行灵活调整与创新。此外，更需注重员工管理的持续性与长期性，不断迭代优化管理体系，以应对多变的市场环境与顾客需求，确保餐厅在激烈的竞争中立于不败之地。

第 7 章

顾客服务
体验

关键词：
热情周到
细致贴心
满足需求

在如今餐饮业竞争日趋白热化的背景下，胜负的较量早已超越了单一的菜品、价格、卫生和环境的竞争，更多地聚焦于服务品质的较量。服务质量卓越与否，直接塑造着餐饮店在顾客心中的形象与口碑。因此，餐饮店应不懈追求服务质量的提升，让顾客在品味美食的同时，深切感受到餐饮店所提供的周到与专业的优质服务。

【要点解读】 ▶▶▶ -

1　热情迎客：笑脸相迎，宾至如归

在餐饮店中，优质的顾客接待服务是提升顾客满意度和创造良好口碑的关键。通过热情友好的问候、专业的座位安排、主动提供菜单与饮品单、耐心细致的点餐服务、关注顾客的用餐体验以及送别与感谢等步骤，服务员可以为顾客提供优质的服务，让他们在餐厅中度过愉快的时光。

1.1　热情友好的问候

当顾客走进餐厅时，服务员应立即面带微笑，热情地向顾客打招呼，并使用礼貌用语。这不仅能够给顾客留下良好的第一印象，还能让他们感受到餐厅的热情和友好氛围。

1.2　专业的座位安排

服务员应根据餐厅的座位情况和顾客的需求，为顾客安排合适的座位。同时，要注意考虑顾客的隐私需求和座位的舒适度，确保每位顾客都能得到愉快的用餐体验。

1.3　提供菜单与饮品单

在顾客入座后，服务员应主动提供菜单和饮品单，并为顾客详细解释菜品的特点和口味，以便顾客能够根据自己的喜好做出选择。同时，服务员应关注顾客的饮食需求，如特殊饮食要求或有无过敏情况等，以确保顾客能够安心用餐。

1.4　耐心细致的点餐服务

在顾客点餐时，服务员应耐心倾听顾客的需求，并根据顾客的口味和喜好提供专业的建议。同时，要注意记录顾客的点餐信息，确保准确无误地将信息传递给厨房。

1.5　关注顾客的用餐体验

在顾客用餐过程中，服务员应定时关注顾客的用餐进度和体验，及时解答顾客的疑问并提供必要的帮助。如果顾客有任何不满意的地方，服务员应迅速采取措施进行解决，以确保顾客能够有愉快的用餐体验。

1.6　送别与感谢

当顾客用餐结束并准备离开时，服务员应主动为顾客提供结账服务，并礼貌地送别顾客。同时，向顾客表示感谢，并期待他们再次光临。

2　细节服务：无微不至，贴心周到

细节服务不仅体现了餐厅对顾客的关怀和尊重，也是提升餐厅竞争力和市场占有率的重要手段。因此，餐饮店应注重细节服务的培训和实施，确保每位员工都能为顾客提供优质的服务。

2.1　应季的免费茶水服务

消费者去餐厅就餐，落座时每家店的服务千差万别，有的餐厅会端来免费茶水，有的是一杯白开水，有的是一杯凉爽的柠檬水，有的什么也不给，餐厅也许觉得这是小事没什么，但消费者心理感受却大不一样。要知道，现在消费者心目中，除了菜品本身，服务已经成了他们是否再来这家店的最重要因素之一。

比如，在炎热的夏天，可以端给顾客一杯冰冰的、酸甜的柠檬水；在寒冷的冬季，可以给顾客上一杯暖暖的姜枣茶。

2.2　及时的打包服务

当顾客提出要将剩下的饭菜打包时，服务员要及时回应，并自然地帮助顾客将饭菜打包，态度要真诚，不能提出异议，或用异样的眼神让顾客感觉尴尬。

除此之外，服务员还可以提醒顾客哪些食品需要尽快吃完，哪些食品可以短时间存放，类似这样细心的提醒往往也会赢得顾客的好感。

2.3　贴心的洗手间服务

细致入微的餐饮店，不仅致力于提供一流的用餐环境，甚至在洗手间的细节上会尽显关怀。卫生间无需奢华的装饰，但清洁与卫生始终是首要任务。一瓶清香的洗手液、一卷柔软的卫生纸，这些细微之处，都彰显着餐饮店对顾客无微不至的关照，让顾客感受到如家一样的温馨与便捷。有的餐饮店，在洗手间的墙上挂一个袋子，其中装有各色线和各种缝衣针，是为了顾客万一有衣服破了或扣子掉了等特殊情况，可以及时缝上避免尴尬。也许这些针线的使用概率很小，但这样的服务，却会细致周到得令人感动。

还有的餐饮店，会在洗手间里为女性顾客准备好热水、头绳、护手霜，甚至卫生巾，可谓面面俱到，从而让女性消费者产生强烈的信赖感。

3　个性服务：量身定制，满足需求

餐饮店的个性化服务是指根据顾客的需求、喜好和特殊情况，提供量身定制的服务，旨在创造独特、难忘的用餐体验。具体措施如图7-1所示。

图7-1 提供个性化服务

3.1 了解并记住顾客喜好

对于餐饮店常客，服务员应主动了解并记住他们的口味偏好、饮食禁忌以及喜欢的座位或位置。在顾客再次光临时，可以主动推荐他们喜欢的菜品或饮品，或者提前为他们准备好特定的座位，让顾客感受到宾至如归的待遇。

3.2 提供定制化的菜单

根据顾客的特殊需求或饮食要求，餐饮店可以提供定制化的菜单。例如，为素食者提供专门的素食菜单，为食物过敏者提供无过敏源的菜品选择，或者为庆祝特殊时刻的顾客提供特色定制蛋糕或菜品。

3.3 个性化的用餐环境布置

根据顾客的需求或特殊场合，为顾客的用餐区域进行个性化的布置。例如，为情侣提供浪漫的用餐氛围，通过摆放鲜花、蜡烛或调整灯光来营造氛围；为家庭聚餐提供宽敞的用餐区域和儿童游乐设施，让家庭成员都能享受愉快的用餐时光。

3.4 关怀特殊顾客

对于老年人、孕妇、儿童或身体有特殊需求的顾客，餐饮店应提供额外的关怀和服务。例如，为老年人提供舒适的座椅和易于咀嚼的菜品；为孕妇提供安静的用餐环境、营养均衡的菜品和优先的服务；为儿童提供专门的儿童菜单、儿童餐具和娱乐设施。

3.5 纪念性服务

为庆祝诸如生日、结婚纪念日等特殊时刻的顾客，餐饮店精心策划纪念性服务。如特制庆祝蛋糕或点心，为喜庆时光增添甜蜜；免费提供拍照服务，并赠予美好瞬间的照片留念；制作个性化纪念品，为顾客的特别日子留下独一无二的回忆。

3.6 灵活的服务安排

根据顾客的需求和特殊情况，提供灵活的服务安排。例如，为有特殊时间要求的顾客提供预约服务，确保他们能在合适的时间段内用餐；为需要隐私保护的顾客提供独立的包间或屏风隔断，以保护他们的隐私权益。

通过提供个性化服务，餐饮店不仅能够满足顾客的特殊需求和期望，还能够创造独特的用餐体验，增强顾客的忠诚度和口碑传播度。因此，餐饮店应注重员工个性化服务的培训和实施，确保员工能够充分了解顾客需求并提供相应的服务。同时，通过收集顾客的反馈和建议，不断优化和改进个性化服务的内容和方式，以满足不同顾客群体的需求。

4 特色服务：独具匠心，吸引眼球

餐饮店的特色服务是指那些能够突出店铺特色、提升顾客体验并区别于其他餐饮店的服务项目。对此，餐饮店可以增加如表7-1所示的特色服务，来吸引更多顾客，提升品牌形象和竞争力。

表7-1　特色服务项目

序号	服务项目	具体说明
1	文化体验服务	结合店铺的主题或地域特色，为顾客提供文化体验服务。例如，在进餐过程中，可以安排民族歌舞表演，让顾客在品尝美食的同时，也能欣赏到精彩的文艺表演
2	互动体验服务	引入互动元素，增强顾客与店铺之间的黏性。例如，设置DIY美食区域，让顾客亲自动手制作特色小吃；或者举办互动游戏和抽奖活动，让顾客在用餐过程中获得更多乐趣
3	绿色健康服务	注重食材的绿色环保和健康营养，为顾客提供绿色健康的餐饮。例如，采用有机食材、提供营养搭配建议等，让顾客在享受美食的同时，也能关注身体健康
4	智能科技服务	利用智能科技提升服务效率和顾客体验。例如，引入智能点餐系统，让顾客通过手机或自助终端机完成点餐和支付；使用智能厨房设备，提高菜品制作效率和质量；利用大数据分析顾客需求，提供精准的服务推荐等
5	情感关怀服务	关注顾客的情感需求，提供温馨、贴心的服务。例如，在顾客生日或特殊节日时，送上祝福和礼物；在顾客遇到困难或需要帮助时，主动伸出援手；通过优质的服务和关怀，让顾客感受到家的温暖

5 投诉处理：真诚沟通，化解矛盾

对于以服务为主的餐饮店来说，顾客投诉很难避免。那么，如何在投诉发生后，将大事化小，小事化了，怎么及时化解顾客的怨气呢？对此，餐饮店可以要求员工参考如图7-2所示的步骤来处理顾客的投诉。

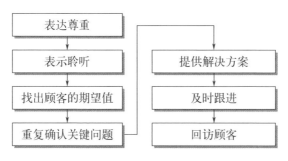

图7-2　处理投诉的步骤

5.1　表达尊重

顾客投诉必有缘由，因此为了消解他们的不满情绪，餐饮店必须先深究背后的原因。而接近顾客的首要步骤，便是让他们感受到餐饮店对其的重视与尊重。比如：

"您所告诉我的事情对于我们的服务改进是非常重要以及有价值的。"

"我可以想象到这个问题所带给您的感受。"

"我非常理解您的感受。"

"这的确是一件非常让人失望的事情。"

"我为您所遇到的问题而感到非常的抱歉。"

"这件事情我以前也遇到过，我的感受和您是一样的。"

5.2　表示聆听

当顾客有情绪需要倾诉时，你务必要保持耐心，向顾客表达愿意倾听他们的心声。在倾听过程中，适时引导顾客讲述事情的来龙去脉，并展现出同理心，让他们感受到你的理解与支持。这样，顾客的火气便会逐渐平息，与你建立起和谐的沟通氛围。比如：

"您是否可以告诉我事情的经过呢？"

"请告诉我发生了什么事情呢？"

"您是否可以慢慢地把事情的经过告诉我，我将它记录下来。"

5.3　找出顾客的期望值

顾客虽期望获得解决方案，但往往含蓄不言。作为餐厅工作人员，应主动引导对话，细心探寻顾客的期望，从而找到最贴切的服务解决方案。这样，才能确保每位顾客都能得到满意的答复。比如：

"请问您觉得我们如何处理会更好呢？"

"请问我们能为您做些什么吗？"

"您觉得我们该如何解决这个问题才合适呢？"

"我该如何协助您呢？"

"我们该立即做些什么才能缓解您说的情况呢？"

"还有哪些事情您觉得是不合适或不满意的呢？"

5.4　重复确认关键问题

反复确认不仅能让顾客感受到你对他们需求的细致关注，还能让他们体会到自己的要求被认真对待，从而增强对你积极解决问题的信任感。比如：

"请让我确认一下您所需要的是……"

"问题的所在是……"

"请让我再次与您确认一下您所期望的是……"

"为了避免错误请允许我归纳一下该为您做的事情。"

5.5　提供解决方案

在充分理解并确认顾客的要求和期望后，我们便可精心提出餐厅的解决方案。在阐述这些方案时，务必保持耐心与冷静，不因顾客的反应而急躁。为了提供更灵活的选择，我们推荐提供包括A、B、C等在内的多种方案，以满足不同顾客的需求，而非仅局限于一种解决方案。比如：

"您可以选择……"

"我将立即核查此事并将在……时间内回复您。"

"您可以……我们可以提供……"

"这里有两个选择，您看……"

5.6　及时跟进

一旦顾客接受了协调方案，我们就必须迅速采取行动跟进。例如，如果涉及换菜，我们应立刻通知后厨，并确保及时为顾客提供新菜品。同时，为表达我们的歉意，可以请服务员送上精心准备的小菜或提供折扣、免单等优惠措施，以进一步提升顾客的满意度。比如：

"我们的厨师现在马上为您重新做一份这道菜，请您稍等。"

"我将会立即核查您的账单，并将在5分钟内答复您。"

"我将立刻……请您……或者您是否可以……？"

5.7　回访顾客

虽然许多餐厅在处理投诉时往往止于赔偿或道歉，但作为一个致力于树立良好口碑的餐厅，我们深知投诉回访的重要性。这一步不仅加深了顾客对餐厅的印象，更是通过真诚的沟通了解顾客的需求，从而赢得他们的信任与赞誉，为餐厅的口碑添砖加瓦。举例来说，当顾客反馈在某餐厅用餐后出现不适时，店长迅速响应，不仅立即与顾客取得联系表达关切与慰问，还在事后主动电话回访，询问顾客是否还有其他健康问题。这种及时且贴心的服务不仅让顾客感受到了餐厅的真诚与负责，更在事后与朋友交流时称赞该餐厅的服务态度出色，为餐厅赢得了良好的口碑。

"请问餐厅对此事的处理您感到满意吗？"

"还有其他的事情我可以为您效劳吗？"

 生意经

在服务行业，遭遇顾客投诉是常见现象，但许多投诉实际上可通过优化服务流程而事先化解或避免。因此，定期为员工提供有效的培训至关重要。当投诉发生时，务必迅速而妥善地解决，避免拖延导致问题升级，从而损害餐厅的声誉和顾客关系。

🔗 **相关链接**

顾客投诉处理的艺术

在处理顾客投诉时，餐厅员工应谨守一些重要准则。即使问题并非餐厅过错，员工也应以平和的心态接受投诉，并积极协助顾客解决问题。在此过程中，员工需特别注意以下禁忌：

1.忌被动等待

员工应主动在大堂迎客送客，积极回应顾客的询问，把握每一次与顾客交流的机会。这样不仅能了解顾客对餐厅的意见和不满，还能及时发现服务与管理中的不足，从而在投诉发生前进行预防和控制。

2.忌忽视处理时机与场合

在处理投诉时，员工不仅要坚持原则，还要注重处理问题的灵活性和艺术性。应避免在不恰当的时间、场合处理投诉，如顾客用餐时、愤怒时或在公共场所与业务客户交谈时，以免加剧顾客的不满和反感。

3.忌过分谦卑

员工是餐厅的代表，在处理投诉和接待过程中，应展现出充分的自信和礼貌，不卑不亢。谦恭并非卑微，过分的谦卑可能被视为缺乏自信，影响顾客对餐厅的信任和信心。

4.忌惧怕顾客投诉

顾客投诉餐厅，表面看似不利，实则大有裨益。投诉的顾客如同一位义务医生，为餐厅进行免费诊断，揭示存在的问题，使餐厅能够对症下药，改善服务措施，提高整体服务质量和管理水平。因此，餐厅经营者应正面接受投诉，以积极态度处理，而非回避。

5.忌与顾客争对错

顾客投诉意味着餐厅服务或管理存在瑕疵。若非如此，顾客不会选择直接投诉。即便某些投诉与事实有所出入，餐厅也应在不违背原则的前提下，优先考虑顾客的感受。若餐厅在表面上"战胜"了顾客，实则损害了顾客的面子，从而也失去了顾客对餐厅的好感，长远来看，这对餐厅并无益处。

6.忌忽视后续投诉处理

通常，接待投诉的员工并非直接解决问题的人，因此投诉能否真正得到解决仍是未知数。许多顾客的投诉并未得到彻底处理，或旧问题刚解决又出现新问题。因此，跟踪投诉处理过程，关注处理结果并及时告知顾客至关重要，这能让顾客感受到餐厅对投诉的高度重视，从而留下良好印象。

对于无理取闹或故意挑衅的顾客，可适度保持距离，避免直接冲突，但务必保留相关证据，以备不时之需。

案例分享

××餐厅是一家享有盛誉的中餐厅，以卓越的服务和美味的菜品吸引了无数食客。该餐厅始终坚持以顾客为中心，通过细致入微的服务和关怀，为每位顾客打造难忘的用餐体验。

一天傍晚，一位重要的商务顾客预订了××餐厅的一间私密包厢，计划在此与合作伙伴进行一场重要的商务晚宴。餐厅方面得知这一信息后，立刻启动了特别服务计划。

当顾客抵达餐厅时，身着整洁制服的服务员微笑着迎上前来，热情称呼客人并引领他们进入预订的包厢。包厢内环境幽雅，布置得既庄重又温馨，为商务洽谈提供了理想的场所。

服务员为顾客递上了精心准备的菜单，并耐心介绍每一道特色菜品的原料、烹饪方法和口感特点。在了解到顾客对某些食材有特别偏好后，服务员迅速与厨房沟通，调整了菜品搭配，确保满足顾客的口味需求。

在用餐过程中，服务员始终保持着高度的警觉，关注着顾客的需求和反应，及时为顾客添茶倒水、更换骨碟，确保顾客的用餐体验始终保持在最佳状态。除了基础的用餐服务外，××餐厅还提供了许多增值服务。例如，他们为顾客准备了精美的伴手礼，让顾客在离开时能够带去一份美好的回忆。此外，餐厅还提供了专业的会议设施和服务，为商务顾客提供了一站式的解决方案。

晚宴结束后，顾客对××餐厅的服务赞不绝口，表示这次用餐体验让他们印象深刻，不仅品尝到了美味佳肴，更感受到了餐厅的用心和关怀。他们纷纷表示，未来还会选择××餐厅作为商务洽谈和用餐的首选之地。

案例点评：

通过此案例，××餐厅在卓越服务领域的表现引人注目。他们不仅细致入微地关注细节，提供个性化服务，更深度洞察每位顾客的需求与感受。通过打造全方位、多维度的服务体验，让顾客感受到前所未有的尊贵与舒适。这种始终围绕顾客为中心的服务理念与方式，不仅赢得了顾客的信赖与忠诚，更为餐厅构筑了卓越的品牌形象，成为行业的典范。

第 8 章

食品安全与卫生管理

关键词：
源头把控
强化意识
加强管控

俗话说"病从口入"，饮食卫生无疑是守护身体健康的首道防线。在餐饮行业中，饮食卫生作为服务的核心要素，承载着为顾客提供安全、洁净食品的重任。这不仅关乎餐饮店的服务质量与信誉，更是顾客健康的直接保障。

【要点解读】▶▶▶

1 食品安全：严格把控，守护健康

确保餐饮店的食品安全，离不开全面、细致且多环节的控制与管理。通过这一系列的严格措施，才能为消费者提供安全、健康且美味的餐饮体验。

1.1 原料采购与管理

（1）原料采购。应从正规渠道购买食品原（辅）料，并落实好索证索票和进货查验制度。避免购买腐败变质、有毒有害、超过保质期限等不符合食品安全要求的食品。

（2）储存管理。原料应根据其特性设置不同的储存温度，如冷藏、冷冻等，以确保其新鲜度和安全性。同时，要确保储存环境的清洁和卫生，避免食材受到污染。

1.2 员工健康管理

在餐饮店员工健康管理方面，务必严格执行每日晨检制度，并详细记录建档。每天定时为工作人员测量体温，一旦发现有发热、感冒、咳嗽或呼吸道感染等症状的员工，应立即暂停其工作，详细登记情况，并敦促其及时就医。

同时，对于负责分餐、明档操作、熟食加工等专间内作业的员工，务必严格要求其佩戴口罩上岗，确保食品安全和顾客健康。

1.3 加工烹饪过程控制

食品加工需确保充分煮熟煮透，同时，应确立科学的食品加工技艺与烹饪规范，以保持菜品的口感、色泽与营养。

1.4 食品留样

针对某些高风险食品，务必实施留样管理措施，确保在出现食品安全问题时，能够迅速追溯并查明问题根源。

1.5 食品安全培训与意识提升

需深化员工的食品安全培训，以强化他们对食品安全重要性的认知，并提升他们应对食品安全问题的能力。同时，应定期策划食品安全知识竞赛或模拟演练，旨在锻炼员工的实际操作技巧，并增强他们应对突发食品安全状况的能力。

1.6　建立食品安全制度和应急预案

制定明确的食品安全操作规范和管理制度，确保每个员工都明确自己的职责和操作流程。

建立食品安全应急预案，对可能出现的食品安全问题进行提前预判并制定应对措施，确保在出现问题时能够迅速、有效地进行处理。

1.7　接受外部监督与检查

积极配合相关部门的食品安全检查和监督，对发现的问题及时整改，并持续改进食品安全管理体系。

2　环境卫生：清洁整洁，舒适宜人

餐饮店的环境卫生管理是一个系统工程，需要从表8-1所示的多个方面入手，确保餐厅的整洁、卫生和安全。只有这样，才能为顾客提供一个舒适、健康的用餐环境，提升餐厅的品牌形象和竞争力。

表8-1　环境卫生管理措施

序号	管理措施	具体说明
1	日常清洁与维护	（1）定期对店内进行全面清洁，包括地面、墙壁、天花板等 （2）确保餐桌、椅子、餐具等表面无灰尘、无油渍、无水渍，并保持干燥

序号	管理措施	具体说明
1	日常清洁与维护	（3）玻璃门窗、窗户等应定期清洁，保持透亮 （4）垃圾桶应及时清理，并确保垃圾不超过其容量的一半 （5）公共区域如洗手间、走廊等也需保持干净整洁
2	食品储存与加工区域	（1）食材应分类、分架存放，并确保食材离墙离地，避免受潮或污染 （2）加工区域应保持整洁，餐饮工具和设备需定期清洁和消毒 （3）食材的进货、储存和加工过程应有详细的记录，以便追溯和管理
3	防虫防鼠	（1）店内应安装防鼠、防虫设施，并定期进行检查和维护 （2）如有发现老鼠、蟑螂等害虫，应立即采取措施进行清除
4	建立卫生管理制度	（1）制定明确的卫生管理制度和操作规范，确保员工了解并遵守 （2）定期进行卫生检查和评估，对发现的问题及时整改
5	培训与教育	（1）定期对员工进行卫生知识和操作规范的培训，提高他们的卫生意识和操作技能 （2）通过内部培训、外部讲座等方式，不断更新员工的卫生知识和理念
6	顾客引导与教育	（1）在店内设置明显的卫生提示和标语，引导顾客文明就餐 （2）通过宣传册、微信公众号等方式，向顾客普及食品安全和卫生知识

3　个人卫生：规范操作，保障安全

　　餐饮店个人卫生管理是保障食品安全和提升顾客满意度的重要措施，通过采取如表8-2所示的措施，可以确保员工在工作中始终保持高度的卫生意识，为顾客提供安全、卫生的餐饮服务。

表8-2　个人卫生管理措施

序号	管理措施	具体说明
1	养成个人卫生习惯	（1）员工应养成良好的个人卫生习惯，如勤洗手、勤剪指甲、勤洗澡、勤换工作服等 （2）禁止在工作场所吸烟、吃东西、随地吐痰等
2	工作服与防护用品	（1）员工进入工作区域必须穿戴整洁的工作服、帽子和口罩，防止头发和口腔飞沫污染食品 （2）根据工作需求，员工可能需要佩戴手套、围裙等防护用品，确保食品不被污染
3	手部卫生	（1）员工在处理食品前、上厕所后、接触不洁物品后等关键时刻，必须彻底清洁双手，并使用消毒剂消毒 （2）餐厅应提供充足的洗手设备和洗手液，确保员工能够方便地进行手部清洁
4	伤口处理	（1）如员工有开放性伤口，应使用防水贴或创可贴妥善包扎，避免伤口与食品接触 （2）如有必要，伤口较大的员工应暂时调离与食品直接接触的工作岗位
5	培训与意识提升	（1）定期对员工进行个人卫生知识和操作规范的培训，提高他们的卫生意识和操作技能 （2）通过内部宣传、海报等方式，提醒员工注意个人卫生，共同维护餐厅的卫生环境
6	建立卫生检查制度	（1）餐饮店应设立专门的卫生检查制度，定期对员工的个人卫生情况进行检查 （2）对于不符合卫生要求的员工，应及时提醒和纠正，确保其个人卫生管理得到有效执行

 生意经

　　餐饮店可建立严格的奖惩机制，对于遵守卫生规定、表现优秀的员工给予表彰和奖励，对于违反卫生规定的员工则进行严肃处理。这有助于增强员工的责任感和卫生意识，确保食品安全和卫生管理得到有效执行。

4 员工健康：定期体检，健康上岗

餐饮店员工健康管理是一个综合性的工作，需要从如图8-1所示的几个方面入手，只有这样，才能确保员工在工作中始终保持高度的卫生意识，为顾客提供安全、卫生的餐饮服务。

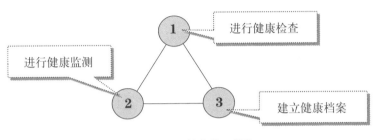

图8-1 员工健康管理措施

4.1 进行健康检查

所有员工在上岗前必须进行健康检查，并取得有效的健康证明。这包括新员工以及临时参与食品生产经营工作的人员。通过健康检查，可以及时发现并隔离患有传染病或其他感染性疾病的人员，从而避免潜在的食品污染。

4.2 进行健康监测

员工如有发热、咳嗽、腹泻等病症，应暂时离岗，并尽快就医，确认康复后方可返回工作岗位。

4.3 建立健康档案

餐饮店应建立员工健康档案，并定期进行员工健康检查。员工健康档案应包括个人的健康状况、过往病史、体检记录等信息，以便餐厅管理人员随时掌握员工的健康状况。定期健康检查有助于及时发现员工的健康问题，从而采取相应的措施。

⑤ 废弃物处理：环保处理，绿色经营

餐饮店废弃物处理是一个需要认真对待的问题。通过采取如表8-3所示的措施，可以有效地减少废弃物对环境和公共卫生的影响，实现可持续发展。

表8-3　废弃物处理措施

序号	处理措施	具体说明
1	分类收集	（1）将废弃物按照种类进行分类，如食物残渣、纸张、塑料、玻璃等。这有助于后续的回收和处理工作 （2）设置专门的收集容器，并贴上明确的标识，以便员工和顾客能够正确投放
2	储存与运输	（1）使用密封性良好的容器储存废弃物，以防止异味散发和吸引害虫 （2）定期清理储存容器，并保持其清洁和卫生 （3）在运输过程中，应确保废弃物不会泄漏或散落，以免对环境和公共卫生造成影响
3	合规处理	（1）根据当地法规和环保要求，选择合规的处理方式。这可能包括回收、堆肥、焚烧或送往专业机构处理 （2）禁止将废弃物随意倾倒或排放到公共水域、下水道等地
4	与专业机构合作	（1）对于大型餐饮店或无法自行处理废弃物的店铺，可以与专业的废弃物处理机构合作，将废弃物交由他们进行专业处理 （2）与这些机构签订合作协议，并确保他们具备相应的资质和处理能力

序号	处理措施	具体说明
5	建立记录与报告制度	（1）建立废弃物处理记录，详细记录废弃物的种类、数量、处理方式等信息 （2）定期向相关部门报告废弃物的处理情况，以确保合规性
6	培训与意识提升	（1）定期对员工进行废弃物处理知识和操作规范的培训，提高他们的环保意识和操作技能 （2）通过内部宣传、海报等方式，提醒员工和顾客关注废弃物处理问题，共同维护环境卫生

案例分享

某知名中餐厅以其精致的中式菜肴和优质的服务在当地享有很高的声誉。然而，近期由于食品安全与卫生问题频发，导致顾客投诉增多，店铺形象受损。为了重整旗鼓，该中餐厅决定进行全面的食品安全与卫生整改。

1.发现问题

（1）在接到多起顾客关于食品不洁、异味等问题的投诉后，该中餐厅立即组织内部自查。

（2）自查发现，食品加工区域存在卫生死角，员工操作不规范，食材储存不当等问题。

2.制定整改方案

（1）成立专门的食品安全与卫生整改小组，负责制定整改方案并监督执行。

（2）对员工进行食品安全与卫生知识培训，提高员工的卫生意识和操作技能。

（3）对食品加工区域进行彻底清洁和消毒，消除卫生死角。

（4）重新规划食材储存区域，确保食材分类存放、离墙离地，并定期检查食材的新鲜度和保质期。

3.实施整改措施

（1）严格执行食品加工操作规范，确保食物充分煮熟煮透，避免交叉污染。

（2）加强员工个人卫生管理，要求员工穿戴整洁的工作服和帽子、口罩，勤洗手并消毒。

（3）定期对食品加工设备和餐具进行清洁和消毒，确保无残留污渍和细菌。

（4）建立废弃物处理制度，分类收集废弃物，并交由专业机构进行合规处理。

4.建立长效机制

（1）设立食品安全与卫生监督员，负责日常监督和检查工作。

（2）定期对食品安全与卫生情况进行自查和评估，及时发现问题并进行整改。

（3）加强与供应商的合作与沟通，确保食材来源安全可靠。

（4）鼓励顾客参与监督，设立投诉渠道，及时处理顾客反馈。

5.整改成果

经过一段时间的整改，该中餐厅的食品安全与卫生状况得到了显著改善。顾客投诉量大幅减少，店铺形象逐渐恢复。同时，员工的卫生意识和操作技能也得到了提升，为店铺的长远发展奠定了坚实基础。

案例点评：

经过全面的食品安全与卫生整改，该中餐厅成功消除了既有问题，显著提升了顾客满意度和店铺形象。这一成就深刻凸显了食品安全与卫生在餐饮行业中的重要性。只有持续强化食品安全与卫生管理，才能切实保障顾客的健康和安全，赢得顾客的持久信赖与支持。

第 9 章

成本优化与财务管理

关键词：
优化流程
减少浪费
提升效益

成本是企业生存的基石。在餐饮业，成本控制的重要性不言而喻。餐饮店必须深刻认识到这一点，并强化成本管理与控制，以实现盈利最大化、提升市场竞争力、优化经营决策，同时降低潜在风险，推动企业的可持续发展。

【要点解读】▶▶▶ -

1 采购成本控制：精打细算，降低成本

采购环节，作为原料从市场流向餐饮企业加工间的关键步骤，其重要性不言而喻。这一环节的管理直接关系到企业利润的流失，据统计，不当的采购可能导致高达约20%的利润损失。对此，餐饮店可通过如表9-1所示的措施来控制采购成本，提高经营效益。

表9-1 采购环节成本控制措施

序号	采取措施	具体说明
1	优化采购流程	（1）建立标准化的采购流程，确保采购活动的规范性和透明度 （2）采用电子化的采购系统，提高采购效率，减少人为错误和采购腐败现象
2	严格质量控制	（1）对食材质量进行严格把关，确保采购的食材符合卫生标准和食品安全要求 （2）定期对供应商进行质量评估，确保供应商始终保持良好的质量水平
3	集中采购与批量采购	（1）将多个门店或部门的采购需求集中起来，进行统一采购，以获得更大的采购量和更优惠的价格 （2）与供应商协商，争取批量采购的优惠价格和折扣
4	加强员工培训和意识提升	（1）加强员工对采购成本控制的认识和重视程度，提高员工的成本控制意识 （2）定期对员工进行采购流程和质量控制方面的培训，提高员工的专业素养和操作能力
5	建立采购成本监控机制	（1）定期对采购成本进行分析和比较，发现成本异常和潜在问题 （2）及时调整采购策略和供应商选择，确保采购成本始终保持在合理水平

🔗 相关链接

防止采购腐败的智慧

防止采购腐败即采购人员吃回扣现象，需要企业从制度、管理、监督、教育等多个方面入手，建立全方位的防控机制，确保采购过程的合规性和公正性。具体如下：

（1）建立完善的采购制度。制定详细的采购流程，包括供应商选择、报价比较、合同签订等环节，确保采购过程公开、透明、可追溯。

（2）加强供应商管理。建立供应商评估和选择机制，选择信誉良好、价格合理的供应商进行合作。同时，定期对供应商进行审计和评估，确保其遵守合同规定。

（3）实行轮岗制度。对采购人员进行定期轮岗，避免长期负责同一供应商或同一采购项目，降低采购腐败风险。

（4）加强内部监督。设立专门的内部审计部门或指定专人负责对采购过程进行监督和检查，确保采购人员遵守规章制度，不出现违规行为。

（5）提高员工道德意识。加强员工道德教育和培训，提高员工对采购腐败行为的认识和警惕性。同时，建立举报机制，鼓励员工积极举报发现的采购腐败行为。

（6）实行激励与约束机制。对采购人员实行合理的薪酬和奖励制度，激发其工作积极性和责任感。同时，对发现的采购腐败行为进行严厉处罚，包括罚款、解雇等，以儆效尤。

（7）采用技术手段。利用电子采购系统、大数据分析等工具，提高采购过程的透明度和可追溯性，降低采购腐败风险。

② 加工成本控制：提高效率，减少浪费

从财务视角深入分析，餐饮企业的日常运营中，高达80%的成本聚焦于菜品的原材料。因此，厨房加工环节对于如何巧妙降低原材料的成本和减少损耗，成为餐饮成本控制的重中之重。在这一环节中，通过精细管理和优化流程，餐饮企业可以显著提升成本效益，进而增强竞争力。具体措施如图9-1所示。

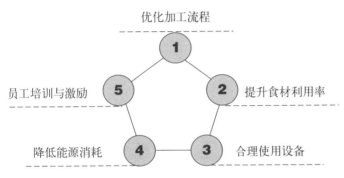

图9-1 厨房加工环节成本控制措施

2.1 优化加工流程

对厨房加工流程进行梳理和优化，减少不必要的环节和浪费，具体措施如表9-2所示。

表9-2 优化加工流程的措施

序号	采取措施	具体说明
1	制定标准化作业流程	制定详细、标准化的厨房加工流程，明确每一道菜品的制作步骤、所需食材和调料、加工时间等。这有助于减少员工在制作过程中的随意性和食材浪费，确保出品的一致性和成本控制

序号	采取措施	具体说明
2	合理安排工作时间	根据餐厅的营业时间和顾客需求，合理安排厨房员工的工作时间。避免在高峰期出现人手不足的情况，同时确保在非高峰期员工能够合理休息，避免人力资源的浪费
3	合理分配工作任务	根据员工的技能和特长，合理分配工作任务，确保每个员工都能在自己的岗位上发挥最大的价值。同时，关注员工的工作负荷和休息时间，避免过度劳累影响工作效率和菜品质量

2.2 提升食材利用率

"刀落成材，物尽其用"，餐饮店要最大限度地提高食材利用率，从源头减少浪费。按照食材性质进行深加工、精加工、细加工，以减少食材使用过程中产生的源头浪费，具体措施如表9-3所示。

表9-3 提升食材利用率的措施

序号	采取措施	具体说明
1	食材预处理	对食材进行预处理，如清洗、切割、腌制等，可以减少厨师在烹饪过程中的工作量，提高工作效率
2	充分利用边角料	在食材加工过程中，产生的边角料和剩余部分可以充分利用。例如，蔬菜的根茎、叶片等可以制作汤料或配菜；肉类边角料可以制作馅料或小吃等
3	合理搭配食材	在菜品制作过程中，合理搭配食材，提高食材的利用率。例如，利用不同的蔬菜、肉类、海鲜等食材进行搭配，创造出丰富多样的菜品
4	标准配比	通过精确计算食材的用量和配比，减少浪费。对于剩余的食材，可以进行合理利用，如制作员工餐或用于其他菜品

2.3 合理使用设备

选用高效节能的厨房设备，并进行定期维护与保养，确保设备稳定运行，从而延长其使用寿命。同时，应精心规划设备的使用时间，避免不必要的空载运行和过度使用，以降低能源消耗和设备磨损，实现成本节约与效率提升。

2.4 降低能源消耗

合理使用水电、燃气等能源，降低能源消耗。

2.5 员工培训与激励

定期对厨房员工进行流程优化和成本控制方面的培训，使其充分认识到成本控制的重要性，提高员工的操作技能和成本控制意识。

同时，建立合理的激励机制，鼓励员工积极参与流程优化工作，提出改进建议，并对表现优秀的员工给予奖励、提供晋升机会。

3 销售成本控制：精准定价，合理利润

无论顾客流量如何波动，诸如租金、人工成本、电费等固定成本始终相对稳定。正因如此，提升销售额度实际上也是一种成本控制的有效策略。通过销售环节的创新和优化，我们同样能够实现成本的降低，从而增强企业的盈利能力，具体措施如图9-2所示。

3.1 突出经营特色，减少成本支出

以别具一格的环境与独特口味为亮点，持续推出新颖菜品以吸

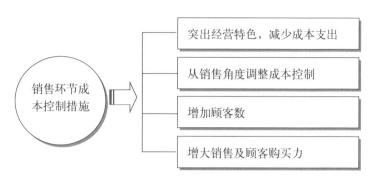

图9-2　销售环节成本控制措施

引顾客。然而，从成本控制的角度审视，若采取多元化的经营模式，则可能导致成本的大幅上升，并加大管理的复杂性。因此，在拓展业务的同时，必须精细计算成本，确保高效运营。

3.2　从销售角度调整成本控制

为了凸显餐厅的独特魅力，采用服务员精心推荐与老板亲自力荐的方式，大力宣传并推荐新推出的菜品。对于餐厅剩余的原料，加大推广介绍力度，力求充分利用。若市场反应不佳，则将其内部消耗，同时深入探究原因，究竟是口味不合还是外界因素影响。若问题出在口味上，则审慎考虑调整菜单，确保顾客满意度与餐厅品质的双赢。

3.3　增加顾客数

产品和服务在市场上往往存在一个普遍认可的定价基准。通过提供独具特色的产品，能够构建顾客对餐厅的忠诚度，进而实现就餐人数的增长。需策略性地将本餐厅的产品和服务与竞争对手区分开来，以凸显独特价值。

在确定菜品种类时，综合考虑厨房设备的配置、厨师团队的技术实力以及成本控制等因素。当需要增加就餐人数时，需制定周密的方案，确保达到预定的目标。然而，当餐厅持续出现大量等位现象时，应通过调整产品组合、优化价格策略、提升菜品质量以及加强服务水平等方法，来合理控制就餐人数，确保顾客体验始终如一。

3.4 增大销售及顾客购买力

（1）菜单编制

在编制菜单时，应精心策划，巧妙引导顾客选择餐厅最想推广的菜品，从而最大化满足餐厅的销售策略，具体要求如图9-3所示。

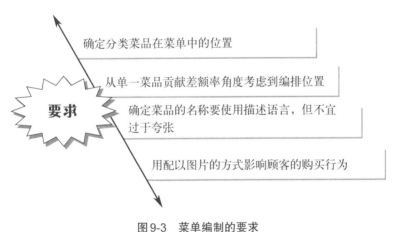

图9-3 菜单编制的要求

 生意经

在菜单编制过程中，图片对消费者决策的影响力不容小觑。若配图比例处理不当，很可能引发与经营管理者初衷相悖的结果，因此需要格外审慎。

（2）推销技巧

服务员在传递菜品和饮品信息给顾客时，应精准捕捉顾客的兴趣点，激发其购买欲望，进而促成交易。在这一过程中，必须运用恰当的销售技巧，而非盲目地进行"促销"。

① 准确预判顾客需求，是实现有效销售的关键。服务员需对菜单上的每一道菜品了如指掌，包括其主料、配料、烹饪方法和口味。菜品的介绍应能精准触动顾客的购买动机。

② 服务员的菜品介绍应因人而异，时刻为顾客着想。他们应了解顾客的用餐目的，针对不同的顾客群体、用餐形式和消费水平，进行有针对性的推荐。例如，家宴时应关注老人和孩子的口味；情侣用餐时，更应侧重女士的喜好。

③ 在适当时机推荐高利润菜品，是提升销售效益的有效途径。当顾客在点菜犹豫不决时，服务员可适时推荐高价或高利润菜品。这些菜品往往质量上乘，特色鲜明，同时毛利也较高。

④ 正确使用推销语言，是提升顾客满意度和购买意愿的关键。服务员应具备良好的语言表达能力，善于把握顾客的就餐心理，运用灵活、巧妙的推销语言，使顾客获得良好的用餐体验。服务用语应简洁、精练，同时又能吸引顾客，助力餐饮的推销。

4 服务成本控制：优化流程，提升效率

在餐饮店的服务环节中，成本控制同样是一个十分重要的方面。通过采取如图9-4所示的措施，餐饮店可以在服务环节实现成本控制，提高盈利能力。

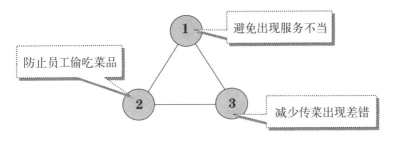

图9-4 服务环节成本控制措施

4.1 避免出现服务不当

服务不当会引起菜品成本的增加,服务不当主要表现在如图9-5所示的几点上。

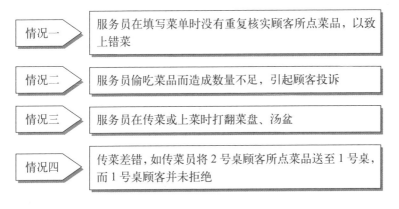

情况一	服务员在填写菜单时没有重复核实顾客所点菜品,以致上错菜
情况二	服务员偷吃菜品而造成数量不足,引起顾客投诉
情况三	服务员在传菜或上菜时打翻菜盘、汤盆
情况四	传菜差错,如传菜员将2号桌顾客所点菜品送至1号桌,而1号桌顾客并未拒绝

图9-5 出现服务不当的情况

因此,通过加强服务人员的职业道德教育和定期的业务技术培训,我们能够有效提升他们的服务态度和服务技能。这要求员工们以严谨的态度为顾客服务,严格遵循既定规程,力求减少或避免服务中的差错。

4.2　防止员工偷吃菜品

员工偷吃菜品，这一行为在不少餐饮店屡见不鲜，且危害甚大。它不仅违反了餐饮行业的卫生标准，更损害了餐饮店的声誉与形象。为了彻底消除这一陋习，我们必须采取切实有效的措施，比如引入连环责任制度，确保从源头上杜绝此类行为的发生，具体措施如表9-4所示。

表9-4　防止员工偷吃菜品的措施

序号	控制措施	具体说明
1	建立严格的规章制度	（1）制定明确的员工行为规范，明确规定员工不得偷吃菜品，并明确相应的处罚措施 （2）在员工入职培训时，强调偷吃菜品的严重性，使员工明白这一行为的后果
2	加强监督管理	（1）安装监控设备，对厨房、餐厅等关键区域进行实时监控，确保员工行为规范 （2）定期进行内部巡查，检查员工是否遵守规章制度，发现偷吃行为及时制止并处理
3	提高员工职业素养	（1）加强员工职业素养教育，使员工明白偷吃菜品不仅损害餐厅形象，也影响个人职业发展 （2）通过培训、分享会等形式，提高员工对食品安全的认识，增强职业责任感
4	建立举报机制	（1）鼓励员工之间互相监督，设立举报渠道，对于举报偷吃行为的员工给予一定的奖励 （2）对于举报的偷吃行为，经查实后严肃处理，以儆效尤
5	优化菜品管理	（1）实行菜品定量制作和分配制度，确保菜品数量与订单相符，减少剩余菜品 （2）对于剩余的菜品，进行妥善处理，避免员工私自食用
6	加强沟通与交流	（1）定期组织员工座谈会，了解员工对餐厅管理和规章制度的看法和建议 （2）对于员工提出的问题和困难，及时给予解答和帮助，增强员工的归属感和凝聚力

4.3　减少传菜出现差错

传菜部作为餐饮店的核心纽带，承担着楼面与厨房之间顺畅沟通的桥梁作用，其重要性不言而喻。为了确保传菜流程的准确无误，餐饮店需采取如表9-5所示的一系列精细措施，旨在降低传菜差错率，进而有效控制成本，提升顾客满意度及餐厅的整体运营效率。

表9-5　减少传菜出现差错的措施

序号	控制措施	具体说明
1	标准化操作	制定并严格执行传菜的操作流程和标准，包括菜品核对、路线规划、上桌核对等。确保每位传菜员都清楚并遵循这些规定，减少因操作不当导致的差错
2	使用辅助工具	采用一些辅助工具和技术，如传菜车、托盘、标签等，以帮助传菜员更准确、高效地完成传菜任务。例如，使用标签标明桌号和菜品名称，避免混淆
3	提高员工技能与素质	加强对传菜员的培训，包括菜品知识、服务技巧、沟通能力等。确保他们熟悉菜单，了解每道菜的特点和制作流程，以便在传菜过程中能够准确识别和处理问题
4	优化餐厅布局	合理设计餐厅和厨房的布局，减少传菜过程中的距离和时间，降低因传菜路线过长或过于复杂而导致传菜差错
5	加强沟通与协作	传菜员与其他员工之间保持良好的沟通和协作，确保信息畅通，及时解决问题。例如，与服务员保持联系，了解顾客需求和菜品变动情况；与厨房保持沟通，确保菜品及时、准确制作出来
6	建立奖惩机制	对于传菜准确、高效的员工给予一定的奖励和表彰，激发他们的工作积极性和责任心；对于传菜过程中出现差错的员工进行适当的惩罚，提醒他们改进并避免类似问题再次发生
7	引入智能化系统	考虑引入智能化传菜系统，如使用智能传菜机器人或电子标签等，提高传菜的准确性和效率

5 收款管理：规范操作，确保资金安全

通过采取如表9-6所示的措施，餐饮店可以在收款环节实现成本控制，提高经营效益。这样不仅有助于提升顾客满意度和忠诚度，还能为餐饮店的长期发展奠定坚实基础。

表9-6 收款环节成本控制措施

序号	控制措施	具体说明
1	优化收款流程	（1）制定清晰的收款流程，确保每一步操作都经过仔细考虑和精心设计。简化收款步骤，减少顾客等待时间，提高收款效率 （2）采用先进的收款系统，如电子支付、移动支付等，提高收款速度和准确性
2	降低收款成本	（1）对比不同支付方式的成本，选择成本较低的支付方式，降低交易成本 （2）与支付机构协商，争取更优惠的费率，减少每笔交易的支出
3	减少人为失误	（1）加强员工培训，提高收款员的操作技能和准确性，减少因人为因素导致的收款错误 （2）设立复核机制，对每笔收款进行核对，确保金额无误
4	防范收款风险	（1）建立健全收款管理制度，规范收款行为，防止员工私自挪用或贪污营业款 （2）定期对收款情况进行审计和检查，确保收款环节的安全和合规
5	提高收款效率	（1）优化收款设备的布局和使用，确保设备正常运行，提高收款效率 （2）对于大额支付或特殊支付方式，提前做好准备和安排，确保顺畅收款
6	加强顾客沟通和引导	（1）向顾客宣传多种支付方式，引导顾客使用成本较低的支付方式 （2）对于使用特定支付方式的顾客，可以提供一定的优惠或奖励，鼓励更多顾客使用

××餐厅，作为一家在当地享有盛誉的中式餐厅，近年来面临着日益激烈的市场竞争和不断攀升的运营成本。为了保持竞争力并实现可持续发展，××餐厅决定实施一系列成本控制措施，以提高经营效率和盈利能力。

1.原材料采购成本控制

××餐厅首先针对原材料采购环节进行了优化。他们与多家供应商建立了长期合作关系，并通过集中采购和定期议价的方式降低采购成本。同时，餐厅还引入了先进的库存管理系统，实时监控原材料的库存量和消耗情况，避免过量采购和浪费。

此外，××餐厅还加强了对原材料质量的把控。他们建立了严格的验收标准，对每批次的食材进行质量检查，确保采购的原材料符合餐厅的品质要求。

2.人力成本控制

在人力成本方面，××餐厅通过优化员工配置及提高员工效率来实现成本控制。他们根据餐厅的营业时间和客流量，合理安排员工的工作时间和岗位，避免人力浪费。同时，餐厅还加强了对员工的培训和管理，提高员工的服务水平和工作效率，减少因员工失误导致的成本损失。

3.能源和水资源成本控制

为了降低能源和水资源的消耗，××餐厅采取了一系列节能降耗措施。他们安装了节能灯具和高效空调设备，减少电力消耗；同时，餐厅还优化了厨房设备的配置和使用方式，降低燃气消耗。在水资源方面，餐厅加强了用水管理，安装了节水器具，减少浪费。

4.菜品制作成本控制

××餐厅对菜品制作过程中的成本控制也进行了精细化管理。他们制定了标准化的菜品制作流程和配方，确保食材的用量和比例准确，避免浪费。同时，餐厅还鼓励厨师创新菜品，提高菜品的附加值，提升顾客的满意度增加回头率。

5.营销推广成本控制

在营销推广方面，××餐厅注重成本控制与效果提升的平衡。他们通过精准定位目标客群，选择合适的营销渠道和方式，如社交媒体广告、会员优惠活动等，以降低营销成本并提高营销效果。同时，餐厅还加强了与顾客的互动和沟通，通过口碑传播和顾客推荐等方式，提升品牌知名度和美誉度。

6.建立成本监控与分析机制

为了实时掌握成本控制情况并及时调整策略，××餐厅建立了成本监控与分析机制，定期对各项成本数据进行收集、整理和分析，找出成本控制中的问题和瓶颈，制定相应的改进措施。同时，餐厅还加强了与其他同行业的交流和学习，借鉴先进的成本控制经验和方法，不断提升自身的成本控制水平。

案例点评：

经过精心策划与一系列成本控制措施的落实，××餐厅成功削减了运营成本，显著提升了经营效率与盈利能力。其细致入微的管理之道，不仅为餐厅带来了显著的经济效益，更为整个餐饮行业的可持续发展树立了典范。

第10章

价格策略与营销

关键词：
合理定价
多样促销
锁住顾客

餐饮店的价格策略与促销手段，对于刺激销售额增长、增强品牌的市场影响力、构筑顾客忠诚度，以及有效应对激烈的市场竞争，均起着举足轻重的作用。因此，餐饮店必须高度重视价格策略与促销的制定与执行，不断进行优化与升级，从而实现长期的商业成功。

【要点解读】▶▶▶ -

1　菜品定价策略：合理定价，吸引顾客

1.1　菜品定价应考虑的因素

餐饮店在给菜品定价时要考虑材料成本、人员费用、场地租金等直接成本，此外，定价时也不能忽略相邻餐饮店的竞争和顾客心理等因素。

（1）相邻餐饮店的竞争。一家餐饮店的最大竞争者就是与其相邻的餐饮店，特别是同类型餐饮店。

例如，经营者开的是一家湘菜馆，而附近也有两三家湘菜馆，那么经营者一定要了解其他湘菜馆的菜单，了解他们的热销菜品种类及其定价。经营者可以采用创新菜品或者是以为某个菜品设置低价的方式切入市场，以此来吸引更多的顾客。

（2）把握顾客心理。店主要根据自己餐饮店的主要顾客群来制定菜品的价格。

如果餐饮店开在高档商业区，那么顾客一般不会太计较价格，而更看重菜品质量；如果餐饮店开在学校附近，则要以价格实惠来吸引顾客。合理利用尾数定价策略可以增强顾客的消费欲望。如同样一盘菜，定价18.8元与20元，其实只相差了1.2元，但是可能18.8元的定价会增加更多销量。

1.2 定价的策略

在定价过程中，经营者可运用一系列巧妙策略，以在成本、利润与经营理念之间找到最佳平衡点。这些策略旨在确保定价既不过高，以免给竞争对手留下可乘之机，也不过低，从而避免压缩利润空间。

生意经

尽管不同餐饮店的定价策略各有千秋，但两大基本原则始终贯穿其中：首先，每道菜品的定价需细致核算其食材成本，包括各类调味料，以确保成本的精确性；其次，价格定位必须贴合顾客的心理预期，确保在顾客可接受的范围之内。

一般餐饮店采用的定价策略有以下三种。

（1）合理价位。这种策略基于餐饮成本，通过合理的利润加成计算得出价格。例如，当菜品成本占比为46%时，即表示每道菜的成本大约占据其定价的46%，确保餐饮店在盈利的同时，价格合理公正。

（2）高价位。部分餐饮店选择将菜单价格设定在高于常规合理水平的价位上。然而，采用这种高价位策略的餐饮店必须满足特定条件，如图10-1所示，以确保高价背后的价值与服务能够吸引并满足顾客需求。

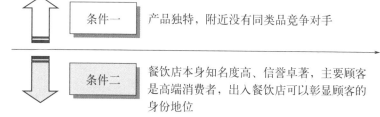

图10-1　使用高价位策略需满足的条件

生意经

在执行高价位策略时，务必辅以卓越品质的产品和细致周到的服务，以确保顾客能够欣然接受并体验到物超所值的消费体验。

（3）低价位。当餐饮店推出新菜品或面临某种食材的过量库存时，经营者可采用低价策略，将菜单价格设定在成本价或略低于成本价，以促销新产品或快速清理库存，实现资金的快速周转和薄利多销的经营效果。

1.3 定价的方法

餐饮店常用的定价方法有表10-1所示的几种。

表10-1 常用定价方法

序号	定价方法	具体说明
1	成本加成法	这是最常见的定价策略之一。餐饮店会在产品或服务的成本基础上，加上一个固定的利润率来确定最终价格。这种方法的优点是简单易行，但可能无法充分反映市场需求和竞争状况
2	竞争对手定价法	这种方法是根据竞争对手的价格来设定自己的价格。餐饮店需要密切关注同行业的定价策略，以便在保持竞争力的同时实现盈利
3	价值定价法	基于产品或服务的价值来设定价格。这意味着餐饮店需要明确自己的产品特色、服务质量和顾客体验，以确保价格与顾客感知的价值相匹配
4	心理定价法	这种方法利用消费者的心理预期来制定价格。例如，使用奇数定价（如9.9元）或折扣定价（如全场8折）来吸引顾客的注意力。但需要注意避免过度使用，以免让顾客质疑
5	动态定价法	根据市场需求和供应情况来调整价格。在旺季或需求旺盛时，可以适当提高价格；而在淡季或需求不足时，则可以降低价格以吸引顾客
6	捆绑定价法	将多个产品组合在一起销售，以提高整体销售额。例如，推出套餐或组合优惠，让顾客以较低的价格享受到多种菜品或服务

餐饮店菜品定价是一个需综合考虑多种因素的复杂过程，需要根据餐饮店自身情况、市场环境和顾客需求制定合理的定价策略，并在实践中不断调整和优化。

2 促销时机把握：抓住时机，引爆销售

精准把握促销的时机，方能实现预期的促销效果。若餐饮店频繁进行促销活动，日日如此，则可能让顾客误以为其产品质量不佳，唯有通过不断促销才能吸引消费者。因此，餐饮店在捕捉促销良机时，需敏锐洞察市场动向、顾客需求以及竞争态势，确保促销策略既精准又有效。

2.1 节假日与特殊日期

利用传统的节假日（如春节、中秋节、国庆节等）或特殊日期（如母亲节等）进行促销活动。这些时段正是消费者热衷外出聚餐的高峰期，通过推出特色菜品、套餐或优惠活动，可以有效吸引顾客，提升营业额。

2.2 季节变化

根据季节变化调整菜品和促销策略。例如，在夏季推出清凉解暑的饮品和菜品，冬季则推出温暖滋补的菜品。同时，可以结合季节特点设计主题活动，如夏季的啤酒节、冬季的火锅节等，吸引顾客参与。

2.3 店庆或重要纪念日

餐饮店可以在店庆日或重要纪念日举办促销活动，以此感谢顾客的长期支持。这类活动通常具有较高的顾客参与度和口碑传播效

果，有助于提升品牌形象和顾客忠诚度。

2.4　市场竞争态势

密切关注竞争对手的促销活动和市场动态，以便在合适的时机推出更具竞争力的促销方案。

例如，当竞争对手推出新菜品或优惠活动时，餐饮店可以迅速调整自己的菜品和价格策略，吸引顾客前来尝试。

2.5　顾客需求变化

通过定期收集和分析顾客反馈，了解顾客需求的变化趋势。当发现顾客对某种菜品或服务的需求增加时，可以及时调整促销策略，满足顾客需求，提升顾客满意度。

3　促销手段多样：创意营销，吸引眼球

促销的手段多种多样，对于餐饮店来说，常用的促销手段有图10-2所示的几种。

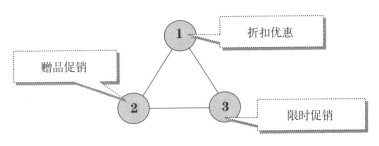

图10-2　常见的促销手段

3.1 折扣优惠

餐饮店在促销活动中运用折扣优惠是一种常见的策略，可以有效地吸引顾客、提升销售额，具体如表10-2所示。

表10-2　折扣优惠方式

序号	优惠方式	具体说明
1	直接折扣	这是最简单直接的促销方式，如"买一送一""全场8折"等。这种折扣方式能够迅速吸引顾客的注意力，刺激他们的消费欲望。但需要注意的是，折扣力度过大可能会影响餐饮店的利润，因此需要谨慎设定
2	满额折扣	设定一定的消费金额门槛，当顾客的消费达到这个门槛时，可以享受一定的折扣。如"满100元减20元"。这种方式可以鼓励顾客增加消费，提高客单价
3	时段折扣	根据餐厅的营业时间和顾客流量，设定不同时段的折扣。例如，午餐时段或晚餐高峰期提供9折优惠，而在非高峰期则提供更大幅度的折扣，以平衡客流和销售额
4	会员折扣	建立会员制度，为会员提供专属折扣。会员折扣可以根据会员等级或消费积分来设定，以鼓励顾客成为会员并增加消费频次
5	组合折扣	将不同的菜品或服务组合在一起，以更优惠的价格出售。例如，推出"套餐优惠"，将主食、饮品和小吃组合成一个套餐，以低于单独购买的价格出售
6	节日折扣	在特定的节日或活动期间提供折扣。例如，母亲节、中秋节等节日，推出特定菜品或套餐的折扣优惠，以吸引顾客前来庆祝

在实施折扣优惠策略时，餐饮店需要注意如图10-3所示的几点。

1	合理设定折扣力度	避免过度折扣导致利润受损，同时也要确保折扣力度足够吸引顾客
2	明确折扣规则	确保顾客能够清楚了解折扣的具体条件和适用范围，避免产生误解或纠纷
3	及时宣传和推广	通过各种渠道（如社交媒体、广告、店内宣传等）及时宣传和推广折扣优惠活动，吸引更多顾客参与

图10-3　实施折扣优惠的注意要点

3.2　赠品促销

餐饮店的赠品促销是一种有效的营销策略，旨在通过提供赠品来吸引和留住顾客，同时增加销售额。餐饮店在选用赠品促销手段时，需把握如表10-3所示的要点。

表10-3　赠品促销实施要点

序号	实施要点	具体说明
1	赠品选择	应选择与餐饮店的业务和产品相关的赠品，以吸引目标顾客群体的兴趣。例如，在咖啡店，可以赠送小巧的咖啡杯或茶杯；在快餐连锁店，可以赠送小玩具或纸巾等实用品。此外，赠品的品质和设计也体现了品牌形象，因此在选取时需要慎重考虑
2	赠品价值	赠品的价值应该与购买产品或服务的金额相对应，不能过于昂贵或过于廉价。例如，可以设定当顾客的消费金额超过某个固定数额后，才能享受特定的赠品优惠。这种模式可以鼓励顾客增加购买量，从而提高销售额

序号	实施要点	具体说明
3	赠送方式	赠品的发放策略同样至关重要。一种方式是为满足特定购买条件的顾客提供赠品，以鼓励其消费；另一种则是在特定时段内，向所有顾客赠送限量赠品，从而营造赠品的稀缺性和购买的紧迫感。赠品领取的方式可灵活多样，顾客既可选择线下兑换券或折扣券，也可通过线上平台利用优惠码进行兑换，以满足不同顾客的需求和偏好
4	赠品与产品相关性	当赠品与产品特性或使用紧密相关时，促销的吸引力会显著提升，且便于顾客更好地体验产品。因此，赠品的选择应紧密围绕餐饮业务，能够凸显餐饮店的独特风格或主打产品，从而增强顾客对品牌的认同感和忠诚度
5	突出实用性	赠品的选择除了考虑关联性外，实用价值也不能小觑。实用的赠品更有可能吸引顾客的注意，并增加顾客再次光顾的可能性
6	增进情感	仅仅突出赠品的实用性可能不足以完全吸引顾客，因此赠品的情感价值也很重要。餐饮店可以通过赠品传达出对顾客的关心和感谢，从而增强与顾客之间的情感联系
7	宣传策略	通过线上社交媒体、官方网站、电子邮件、短信推送等方式来宣传赠品活动，吸引更多的目标顾客。有效的宣传可以提高活动的知名度和参与度，从而增加销售额

3.3 限时促销

餐饮店在策划限时促销时，需全面考量促销目标、时机、内容、宣传策略以及潜在风险。精心规划与执行限时促销活动，不仅能吸引更多顾客光顾，有效提升销售额，更能强化品牌知名度，为餐饮店的长远发展注入动力，具体如表10-4所示。

表 10-4　限时促销实施要点

序号	实施要点	具体说明
1	明确促销目标	明确限时促销的目标，是为了增加客流量、提高销售额，还是为了推广新品或清理库存。不同的目标需要不同的促销策略
2	选择适当的促销时间	限时促销的关键在于"限时"，因此选择适当的时间十分重要。可以考虑在节假日、周末或餐厅的淡季进行促销，以吸引更多的顾客
3	制定吸引人的促销内容	促销内容应该具有吸引力，能够引起顾客的兴趣。例如，可以推出"买一送一""半价优惠"或"特定时间段内菜品打折"等促销活动。同时，也可以结合餐厅的特色或新品进行推广
4	利用社交媒体进行宣传	通过社交媒体平台（如微信、微博、抖音等）进行宣传，可以快速吸引大量潜在顾客。可以发布促销活动的海报、视频或直播，详细介绍促销内容，并邀请顾客参与
5	提供优质服务	限时促销期间，餐厅应该提供优质的服务，确保顾客在享受优惠的同时，也能得到良好的用餐体验。这样有助于提升顾客满意度，增加回头客的数量
6	收集顾客反馈	促销活动结束后，可以通过问卷、访谈等方式收集顾客的反馈意见，了解他们对促销活动的看法和建议。这样有助于餐厅不断优化促销策略，提升营销效果
7	注意风险控制	虽然限时促销能够带来短期的收益，但也需要注意风险控制。避免因为促销力度过大而导致成本过高，影响餐厅的长期盈利

4 新品推广策略：打造爆款，引领潮流

餐饮店的新品推广是一项重要的营销活动，旨在吸引顾客的注意、激发其购买欲望，从而推动销售增长。餐饮店可参考图10-4所示的步骤来做好新品推广。

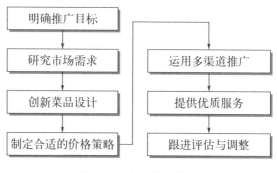

图10-4　新品推广步骤

4.1　明确推广目标

在启动新品推广之前，首要之务是确立明确的目标，诸如提升新品的销售额、增强品牌的市场影响力，以及吸引潜在的新顾客等。这些目标的明确性将为后续制定精准且有效的推广策略奠定坚实基础。

4.2　研究市场需求

新品推广的核心在于深刻洞悉市场需求和顾客偏好。我们需借助市场调研、细致倾听顾客反馈等手段，深入把握顾客对新品的期待与需求，从而精准满足其口味，实现成功推广。

4.3　创新菜品设计

新品的菜品设计需兼具创新与特色，以独特魅力捕获顾客目光。在口味调配、食材搭配及摆盘艺术上精益求精，匠心独运，打造出一款款别具一格的新品佳肴。

4.4　制定合适的价格策略

价格是顾客购买决策中的关键考量点。在制定价格策略时，需综合考虑成本因素，确保利润空间的同时，还需敏锐洞察市场竞争态势，并充分考虑顾客的接受程度，以制定出既合理又具竞争力的价格方案。

4.5　运用多渠道推广

（1）线上推广。利用社交媒体、官方网站、短视频平台等线上渠道进行推广。发布新品图片、视频、故事等内容，吸引顾客的关注。同时，可以与达人、博主等合作，进行新品试吃、评测等活动，提高新品的曝光度。

（2）线下推广。在店内设置新品展示区，用醒目的标识和吸引人的装饰吸引顾客的注意。此外，可以举办新品发布会、品鉴会等活动，邀请顾客参与体验，加深他们对新品的认识和兴趣。

4.6　提供优质服务

卓越的服务品质是提升顾客满意度与忠诚度的关键所在。在新品推广之际，确保每位员工熟知新品的制作细节与服务流程，以便为顾客提供迅捷、专业的服务体验。同时，应密切关注顾客的反馈声音，及时捕捉服务中的亮点与不足，从而精准调整并优化服务流程，为顾客带来更为满意的用餐享受。

4.7　跟进评估与调整

在推广新品之后，务必定期跟踪并评估推广成效，重点关注销售额和顾客反馈等关键指标。根据评估结果，灵活调整推广策略，优化新品设计和服务流程，以确保推广活动持续发挥效用，实现更高效的品牌传播和市场拓展。

5　跨界合作创新：资源整合，共赢发展

餐饮店的跨界合作是一种创新的营销方式，通过与其他行业或品牌的合作，实现资源的互补共享、风险的共同分担，进而实现品牌价值的提升。这种合作不仅为餐饮店吸引了更广泛的客流，还有效提升了品牌形象和市场知名度。

5.1　跨界合作的方式

跨界合作的方式丰富多样，各具特色。

一种方式是品牌间的强强联手，通过产品跨界融合，创造出全新的产品体验。例如，火锅店与KTV的联合，不仅满足了聚餐的味蕾享受，更提供了餐后的娱乐休闲，成为团建、朋友聚会的绝佳选择。

另一种则是渠道间的优势互补，实现跨界融合。在火锅店中展示热映电影预告或KTV的促销活动，反之亦然，这种合作方式让资源得以共享，实现互利共赢。

此外，跨界合作还能以文化软植入的方式，展现不同领域的融合之美。如火锅与游戏文化的结合，催生出游戏主题火锅，吸引玩家们欢聚一堂；火锅与户外运动的融合，成为户外爱好者休闲聚餐或归途中的温馨驿站。这样的跨界餐饮项目，极大地丰富了顾客的体验，也为餐饮店增添了无尽的魅力。

5.2 可以跨界合作的行业

餐饮店在寻求业务拓展与品牌升级的过程中，可以选择与多个行业进行跨界合作，这样的策略不仅有助于扩大市场影响力，还能显著提升品牌形象，从而吸引更多顾客的关注。如表10-5所示，列举了一些常见的适合与餐饮店进行跨界合作的行业，这些合作将为餐饮店带来无限可能。

表10-5 可以跨界合作的行业

序号	合作行业	具体说明
1	旅游业	餐饮店可以与旅游景区、旅行社或酒店进行合作。例如，在景区内或附近开设分店，提供特色美食，为游客提供便利的餐饮服务；或与酒店合作，为住客提供专属的餐饮优惠或定制套餐
2	零售业	餐饮店可以与零售商店、超市或购物中心进行合作。例如，在零售店内设置小型餐饮区，为顾客提供快捷的餐饮服务；或与超市合作，推出联名产品，增加品牌曝光度
3	文化娱乐业	与电影院、剧院、音乐厅等文化娱乐场所合作，可以为顾客提供餐饮与娱乐的双重体验。例如，推出观影套餐、演出前后的特色餐饮等
4	科技行业	随着科技的发展，餐饮店可以与科技公司或平台进行合作，利用科技手段提升服务质量和效率。例如，与外卖平台合作，提供线上订餐服务；或与智能支付公司合作，提供便捷的支付体验

序号	合作行业	具体说明
5	运动健康业	餐饮店可以与健身房、瑜伽馆、游泳馆等运动健康场所进行合作。例如，为运动后的顾客提供营养餐，或推出健身套餐，吸引健康意识强的消费者
6	教育行业	与学校、培训机构或大学进行合作，为师生提供定制化的餐饮服务。例如，为学校提供午餐配送服务，或为培训机构提供茶歇服务等
7	艺术品与时尚界	与艺术家、设计师或时尚品牌合作，推出特色主题餐厅或联名产品。这种合作不仅可以提升品牌形象，还能吸引对艺术和时尚感兴趣的顾客

 生意经

在进行跨界合作时，餐饮店需要充分考虑合作方的品牌形象、市场定位和目标顾客群体，确保合作能够带来双方共赢的效果。同时，餐饮店也需要保持自身的核心竞争力和品牌特色，避免在跨界合作中失去自我。

案例分享

某人气中餐厅以其丰富的菜品选择、精致的装潢和热情的服务，吸引了众多食客的光临。为了进一步提升销售额和品牌影响力，该中餐厅精心策划了一系列价格策略与促销活动，取得了显著成效。

1.价格策略设计

（1）差异化定价策略：该中餐厅根据菜品的成本、制作难度以及市场需求，制定了差异化的定价策略。对于高成本、特色鲜明的菜品，如招牌菜和海鲜类菜品，定价相对较高，以体现其独特价值和品质。而对于一些常见的家常菜和素菜，定价则更为亲民，以吸引更多消费者。

（2）时段定价策略：该中餐厅针对不同时间段推出不同的价格策略。在午餐时段，为了吸引上班族和周边居民，该店推出经济实惠的套餐和优惠活动；而在晚餐和周末时段，则致力于提供更加精致的美食与舒适的用餐环境，满足顾客对品质与氛围的更高追求。

（3）会员定价策略：该中餐厅建立了会员制度，会员可以享受一定的折扣优惠和积分兑换等福利。针对不同等级的会员，该店还设置了不同的折扣力度和权限，以增强会员的忠诚度和黏性。

2.促销活动设计

（1）节假日特色活动：在重要的节假日，如春节、中秋节等，该中餐厅会推出特色菜品和促销活动。例如，在春节期间推出年夜饭套餐和特色点心，并通过折扣、赠品等方式吸引顾客前来消费。

（2）新品推广活动：每当推出新菜品时，该中餐厅都会进行一系列的推广活动。包括在店内设置新品展示区、提供免费试吃或推出新品优惠活动等，以吸引顾客尝试并促进口碑传播。

（3）跨界合作活动：该中餐厅积极寻求与其他品牌的合作机会，共同推出优惠活动。例如，与电影院合作推出"观影＋用餐"优惠套餐；与旅游公司合作，为游客提供特色中餐体验等。这些跨界合作不仅扩大了中餐厅的市场影响力，还带来了更多的潜在顾客。

（4）限时折扣与满减活动：在特定的时间段内，如周末或特定节假日，该中餐厅会推出限时折扣或满减活动。这些活动能够刺激顾客的购买欲望，提高客单价和销售额。

案例点评：

该中餐厅凭借精心策划的价格策略和富有创意的促销活动，成功吸引了大批食客，进而推动了业务的稳步发展。其销售额逐年攀升，品牌影响力也随之不断扩大。与此同时，该中餐厅更赢得了广大顾客的一致好评和口碑推荐，这无疑为其市场地位的稳固再添一份保障。

第11章

外卖运营策略

关键词：
慎重选品
及时配送
提升销量

随着互联网技术的迅猛发展和支付方式的广泛普及，在线餐饮外卖已深度融入人们的日常生活。外卖业务为众多餐饮店带来了显著的额外收益，餐饮店应深入挖掘外卖市场的潜力，精心策划与运营，以进一步提升品牌影响力和市场竞争力。

【要点解读】▶▶▶ ─ ─ ─ ─ ─ ─ ─ ─ ─ ─ ─ ─ ─ ─

1 外卖平台选择：精选入口，拓展渠道

当前，外卖流量的主要来源可归结为三种形式：专业外卖APP、第三方综合性外卖平台，以及基于微信公众号搭建的自营外卖平台。餐饮店在决策时，应全面考量自身经营特点、目标顾客群体及市场定位，从而精准选择最适合的流量入口。

1.1 外卖APP

外卖APP的开发不仅需投入大量资源，而且开发周期相对较

长，尤其是双系统（安卓/iOS）模式下的开发成本更为高昂。外卖APP适用于完全面向市场的专业外卖服务。通过精心运营，它能够自主积累流量和粉丝群体，增强与外界合作时的话语权，进而为餐饮店带来主营业务以外的额外收入。

1.2 第三方外卖平台

第三方外卖平台，如饿了么、口碑、美团等，凭借其庞大的外卖流量，成为餐饮业态增值的公共舞台。这些平台通过抽佣和第三方合作实现盈利，展现出强大的市场影响力。在合作中，餐饮商家往往处于较为被动的地位，然而，这些平台仍适用于希望开展外卖服务的餐饮商家，为它们提供了广阔的市场空间。

1.3 基于公众号开发的自建平台

基于公众号开发的自建平台，不仅成本低廉、开发周期短，而且后期具备灵活的功能扩展性。然而，其盈利模式相对单一，主要依赖于餐饮外卖服务的收入。值得注意的是，流量的获取和粉丝的积累需要一定的投入和时间，这对于渴望拓展市场的餐饮商家而言是关键的挑战。因此，该平台更适合那些已拥有一定稳定餐饮客群基础的商家，通过增加外卖服务来进一步扩大客群基数，提升品牌影响力。

2 外卖品类优化：精选美食，满足需求

品种选择是外卖经营中的重要环节，它直接关系到外卖业务的成败。餐饮店在挑选适合外卖的产品时，应着重从以下两个维度考量。

2.1 产品角度

（1）品质至上

产品的味道是核心，必须确保美味且正宗。即使不能做到极致美味，也至少要确保味道易于接受，这是吸引顾客的基础。

（2）简易标准化

易于操作、便于标准化的菜品是外卖的首选。除非选择高端品质外卖，走高价路线，否则复杂的菜品难以保证出餐速度和品质。例如，热干面等简易菜品，不仅出餐迅速，而且味道稳定，易于保持。此外，黄焖鸡、麻辣烫、猪蹄、龙虾、甜品、水果和沙拉等，也都是常见且受欢迎的选项。

（3）便捷配送与快速出餐

菜品应适合配送，且出餐速度快。长时间的等待不仅影响顾客体验，也增加了配送的难度。例如，面条、水饺等易坨、易洒的菜品，顾客反馈通常不佳。

（4）盈利保障

考虑到外卖的成本结构，特别是人工和配送费用，利润应保持在25%以上。除非某些菜品能带来显著的引流效果，否则低毛利的菜品不建议作为外卖选项。

2.2 顾客角度

（1）特色鲜明

特色，即指产品应具备独特之处，如黄焖鸡的浓郁、麻辣小龙虾的香辣、特色猪蹄的鲜美、正宗麻辣烫的醇厚。这些独特风味的小吃，非常适合作为午餐选择，能够满足顾客对味道的追求。

（2）精简选择，聚焦品质

鉴于人们口味的多样性，单一菜品显然无法满足广大顾客。然而，在午餐时段，顾客往往面临选择困难。因此，我们提倡精简菜单，避免过多的选择给顾客带来困扰。选择大众喜爱的、性价比高的菜品，控制在15款以内，以10款左右为佳。这样既能确保菜品的品质，又能为店铺带来稳定的流量和利润。

 相关链接 ···

外卖选品智慧

1.市场需求与顾客口味

首先，要深入了解目标顾客群体的口味偏好和消费习惯。这可以通过市场调研、顾客反馈以及社交媒体等途径获得。同时，关注市场上的流行趋势和热门菜品，以确保选品符合大众口味。

2.食材质量与新鲜度

食材是菜品的基础，其质量和新鲜度直接影响到菜品的口感和顾客的评价。因此，在选择食材时，须务必确保其来源可靠、品质优良，并采用新鲜的食材制作菜品。

3.菜品的多样性

为了满足不同顾客的需求，外卖选品应具备多样性，包括不同口味、不同烹饪方式以及不同营养价值的菜品，让顾客有更多的选择空间。

4.价格定位与竞争分析

合理的价格定位是吸引顾客的关键。在定价时，要充分考虑成本、市场需求以及竞争对手的定价策略，确保价格具有竞争力。同时，定期进行竞争分析，了解竞争对手的选品和价格策略，以便及时调整自己的选品策略。

5.外卖包装与配送

外卖选品还需要考虑包装和配送的便捷性。包装应确保菜品在运输过程中保持完整和新鲜，同时方便顾客食用。配送方面，要选择可靠的配送服务商，确保菜品能够准时送达顾客手中。

6.营养搭配与健康理念

随着健康饮食理念的普及，越来越多的顾客开始关注外卖菜品的营养搭配。因此，在选品时，可以注重选择富含蛋白质、维生素等营养成分的食材，并合理搭配蔬菜和主食，为顾客提供健康美味的餐食。

3 爆款产品打造：独特口感，吸引顾客

在当今外卖市场，竞争愈发激烈，产品同质化问题凸显。为了让餐饮店的外卖业务脱颖而出，关键在于赋予产品独特的品牌特色，使其与众不同。这样做不仅能吸引更多用户光顾，还能深化用户对外卖品牌的用餐体验和消费记忆，进而促进品牌的有效传播。这正是单品爆款策略的核心所在，即精选某一单品并全力以赴将其打造

至极致，以此构建口碑，如图11-1所示。

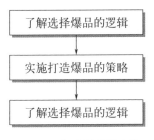

图 11-1　打造爆品的步骤

3.1　了解选择爆品的逻辑

爆品的选择逻辑如图11-2所示。

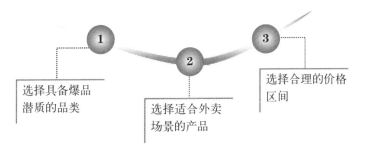

图 11-2　爆品的选择逻辑

（1）选择具备爆品潜质的品类

从口味方面考虑，可以选择现在大众比较喜欢的菜品种类。比如近几年比较火爆的川菜、小龙虾。从认知度出发，可以选择消费者比较熟悉的品类，如麻辣烫、酸辣粉等，然后再进行产品升级。

（2）选择适合外卖场景的产品

并非所有消费者喜欢的菜品都可以做爆品，还要考虑到它是否适合外卖场景。

比如，制作时间长和操作复杂的菜品，不仅影响出餐速度，还容易忙中出错影响客户体验。

（3）选择合理的价格区间

价格是影响用户品牌感知的一个重要方面，产品的价格过高，消费者不会买账。而价格过低则会"赔本赚吆喝"。因此，在打造爆品时，需要店主去了解目标客群的消费能力，根据他们所能接受的价格来制定爆品价格，同时这个价格也要保证自己能盈利。

3.2　实施打造爆品的策略

打造爆品的策略如图11-3所示。

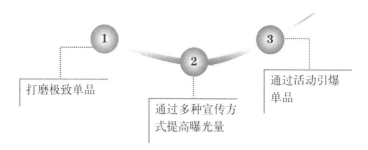

图 11-3　打造爆品的策略

（1）打磨极致单品

一款爆品的诞生，源于其独特性与超凡体验。我们不仅仅要追求菜品的美味，更要赋予它独一无二的卖点——这种差异化的特质，再加上严格的标准化流程，确保品质如一。如此，方能为用户带来超越预期的感受。

（2）通过多种宣传方式提高曝光量

即便产品再出色，若缺乏有效传播，也难以被大众所知晓。因此，在精心打磨产品之后，餐饮店需借助多元化的宣传手段，如微信、微博、朋友圈、抖音等平台，将品牌故事和产品魅力传递给更广泛的受众，从而显著提升品牌曝光度。

 小提示

在推广阶段，务必着重凸显爆品与品牌之间的紧密关联，确保两者相辅相成，避免陷入"产品独领风骚，品牌默默无闻"的尴尬境地。

（3）通过活动引爆单品

经过前期宣传积聚流量后，若未能迅速转化为实际订单，爆品的塑造将面临挑战。在爆品的推广阶段，应将其定位为有效的引流工具，而非直接的盈利焦点。通过巧妙结合平台活动，巧妙提升爆品的知名度，从而为其后续发展奠定坚实基础。

3.3　根据市场反馈及时做调整

打造爆品并不是一蹴而就的过程，产品投入市场后，需要有一个反馈的过程。餐饮店需要定期收集用户的评价，来对产品进行调整。

另外从长远来说，爆品也是有生命周期的。一个产品不可能永远火爆下去，近几年黄焖鸡、沙县小吃的市场地位下降，就说明了这点。因此在爆品发展到后期时，也需要及时选择新的爆品来代替。

4　包装选择设计：美观实用，提升体验

当互联网与餐饮行业碰撞，外卖服务已成为餐饮经营者不可或缺的一环。因此，外卖包装的外观设计变得非常重要。优质的包装

不仅能为顾客带来愉悦的视觉体验，更能留下深刻的印象。在选择外卖包装时，具体的选择标准可参照图11-4所示，确保包装既符合品牌形象，又兼具实用性和美观性。

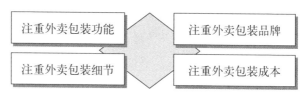

图11-4　外卖包装的选择要求

4.1　注重外卖包装功能

外卖包装的重要性远超单纯装食物的范畴。一旦顾客手中的外卖汤水四溢、饭菜油腻混杂，无疑会极大损害其就餐的愉悦感。因此，外卖包装的功能性远不止于装载，更应致力于确保菜品在送达顾客手中时，依旧保持其原有的色泽、形态和口感，为顾客提供便捷且美好的用餐体验。

4.2　注重外卖包装细节

即使是外卖包装中的小疏忽，如缺筷子、少勺子或忘放吸管，看似微不足道，却可能让顾客感受到商家的疏忽和不专业。顾客虽无法目睹店内装潢，但外卖包装的每一个细节都能折射出商家的服务态度和用心。

为了规避这类易忘的餐具问题，商家可巧妙地将餐具与外卖包装融为一体，如设计带有内置餐具槽的包装盒或利用标签来固定餐具。此举不仅能显著提升外卖配送的效率和准确性，还能在细节上彰显商家的精致与用心，让顾客在用餐时感受到商家无微不至的关怀。

4.3　注重外卖包装品牌

如今，众多餐饮店的外卖包装千篇一律，缺乏独特的餐饮店标识。订单上往往仅有一个简单的名字，顾客在用餐后往往随手丢弃，难以留下深刻印象。然而，外卖包装实则是餐饮店自我展示的黄金机会。通过在外卖包装上精心融入餐饮VI设计，增加品牌细节的展现，不仅能给顾客留下难以忘怀的记忆，更能提升顾客对餐饮品牌的认知度。

4.4　注重外卖包装成本

外卖包装设计既要符合实用常理，又需精细考量成本效益。过高的包装成本不仅使餐厅运营负担加重，也难以被顾客所接受，毕竟顾客的初衷在于享受美食。一般而言，外卖餐具的价格宜控制在客单价的10%以内，这样既确保了包装的实用性，又维护了顾客的消费体验，实现了成本与效益的合理平衡。

⑤　送餐范围规则：合理设置，提高效率

午餐时段通常是订餐的高峰期，而晚餐时段订餐量相对较少。为了最大化订单数量，可以根据时段的不同灵活调整送餐范围及配送价格策略。

例如，在高峰期，由于配送人手紧张，可以与第三方跑腿服务进行合作，同时适度提高该时段的配送价格以维持服务质量。而在非高峰时段，则可以适当扩大送餐范围，以吸引更多顾客。

当订单量出现显著增长时，可以进一步引入第三方配送服务，

将门店自有配送人员和第三方配送人员的数据统一整合到外卖配送系统中。从而根据实时的营业情况灵活调度骑手，并实时监控每位骑手的工作状态和送餐路线，确保服务的高效与准确。

6 销量提升策略：精准营销，增加订单

外卖平台的销售链条大致包括店铺曝光、进店人数、店面下单率、顾客客单价和店铺回购率五个环节。餐厅经营者可从以下五个方面着手来提升店铺的外卖销量。

6.1 提升店铺曝光次数

店铺曝光即为店铺在平台中向用户展示的次数。这是店铺产生潜在消费者基数的判断标准。如果你的店铺曝光率低，其他环节即使再好，都无法提高外卖销量。

提升曝光的方法如表11-1所示。

表11-1 提升曝光的方法

序号	提升方法	具体说明
1	购买外卖中的推广广告	推广广告作为一种平台收费推广方式，其效果显著且迅速，然而，相应的开销也较为高昂
2	提升店铺单品月销量	提升单品月销量能有效打造店铺的爆品，即高下单率产品。为了最大化销售分成，平台会优先展示那些单品月销量显著、表现突出的店铺，从而进一步提升其曝光度和销量
3	提升店铺平均评价登记	在店铺销售数据相近的情况下，平台倾向于优先展示店铺评价分值更高的商家

序号	提升方法	具体说明
4	另起炉灶	平台通常会为新商户设置一个新店推广期，优先曝光，对于那些外卖业务过去表现不佳的店铺，这无疑是一个好机会
5	参加促销活动	在排名和筛选列表中，平台倾向于展示活动力度大的商家，通过给予其优先的特殊排名，有效提升顾客的转化率

6.2 提升进店人数

店铺被展示后，进店人数指的是实际点击店面链接并进入店内浏览产品的用户数量。相较于实体店铺，外卖平台上进店与最终消费的转化率与线下显著不同。因此，如何在众多展示中脱颖而出，成功吸引用户点击进店，无疑成为网络外卖业务成功的重要指标。提升进店人数的方法如表11-2所示。

表11-2 提升进店人数的方法

序号	提升方法	具体说明
1	为店铺设计符合餐饮定位的展示标识	一个美观大方的标识会让顾客产生品牌信任感，从而进店浏览
2	增加平台通用类活动	为了吸引那些偏好优惠活动的客户群体，平台可以增设更多通用类活动，从而有效提升他们的进店率
3	争取平台排行榜排名	各大平台均设有品类区域排行榜，店家可精选一至两款热销商品作为冲榜爆款，此举有助于优先提升店铺进店人数的转化率

6.3　提升店面下单率

顾客进店后的下单行为，直接关乎店铺营业的提升。因此，如何有效提升下单率，成为实现前两个环节价值转化的关键所在。一个拥有高下单率的店铺，其销量往往会迎来爆发式的增长。提升店面下单率的方法如表11-3所示。

表11-3　提升店面下单率的方法

序号	提升方法	具体说明
1	将爆款产品放置首位	当产品月销量突破200大关时，往往会形成爆品效应，进而吸引那些犹豫不决的顾客继续购买，实现下单率的飞跃式增长
2	设置不同的细分品类	为了提升顾客的点餐体验，应根据区域客户的饮食习惯设置简洁明了的分类目录，帮助顾客迅速定位到心仪的餐品，避免因复杂的浏览界面而失去顾客
3	清除零销售产品	部分店铺产品繁多，但其中不乏零销售产品。精简这些无销售记录的产品，不仅能让店铺产品更加聚焦，还能提高顾客对店铺的整体满意度
4	撰写功能清晰的产品名称	产品名称虽短，但其描述却能产生深远影响。例如，"莲菜饺子"与"绿色健康莲菜饺子"之间，无疑后者更能吸引女性消费者的目光
5	撰写有趣的产品描述	每个产品都有一段描述空间，然而许多店主却忽视了这一点。这段描述不仅能为产品增添感知价值，还能激发顾客的购买欲望。有趣且诙谐的描述，如"人生也许不尽如人意，吃点苦日后焉知非甜"的清炒苦瓜描述，正是互联网消费群所钟爱的
6	为每一个产品提供精美的具有品牌特色的展示图片	许多店主为了简便，直接从平台图库中选择产品图片，虽然省去了拍摄的麻烦，但也失去了店铺的独特风格。当然，对于照片质量不佳的店铺，使用图库图片仍是明智之举

6.4 提升顾客客单价

店铺的顾客客单价无疑是衡量外卖营业额的重要指标。通常而言，单店的客单价保持在一个相对稳定的水平。而如何有效地提升客单价，可参照表11-4所列的具体方法来执行。

表11-4 提升客单价的方法

序号	提升方法	具体说明
1	设计热销品类	通过将爆款产品与其配套产品紧密陈列，能够显著提升顾客的客单价
2	减少同类型同价位非爆款产品	有些店铺为了追求顾客选择的多样性，会将同价位的不同产品过多展示，这种做法实际上可能降低客单价
3	设置套餐选项	为了提升顾客的购买效率和客单价，建议店铺为顾客预先设计好套餐内容，使顾客能够一次性下单购买完整的套餐，从而提高客单价
4	为高利润产品加上图片标签	在上传菜品图片时，商家可以利用这一机会为产品添加自定义标签。为高利润产品标记上如"推荐"等标签，能够吸引顾客的注意力，并有效提升这些热门产品的销量

6.5 提升顾客复购率

顾客复购率的提升将在数据排名和店铺经营稳定性等多个关键维度上确保餐饮店的可持续发展。同时，优化店铺管理效率，预防生产中的突发性问题，对于店铺的长远运营同样至关重要。提升顾客复购率的方法如表11-5所示。

表11-5　提升顾客复购率的方法

序号	提升方法	具体说明
1	优化回复提升顾客安全感	许多店铺对顾客反馈的关注度不足，仅依赖机械化的回复模板，使得顾客感觉像是在与机器人对话，从而觉得店家缺乏诚意。为了改善这一状况，店铺应针对好评、差评等不同情境，以及用户评价中频繁出现的问题，精心制定一套个性化的回复话术
2	加强店铺收藏的推荐	在竞争激烈的电商平台上，新店和品牌推荐等曝光手段层出不穷，然而，让顾客轻松找到我们的关键因素之一便是店铺的收藏率。因此，在回复内容和活动推介中，应加大力度推荐顾客收藏店铺，这是一个重要的技巧
3	分节奏回复好评信息	许多平台都会优先展示新评论和新回复，因此，对于好评，特别是那些详细且深入的好评，店铺应分步骤进行回复，并在适当的时候提醒顾客收藏店铺。这种策略不仅是对顾客的一种尊重，更是邀请他们进行二次消费的有效保障

 案例分享

　　××餐厅是一家位于市中心的中式快餐店，以提供健康、美味的家常菜为主营业务。近年来，随着外卖市场的蓬勃发展，××餐厅也积极转型，加强外卖业务的运营与管理，以满足更多顾客的需求。

1.菜品策略

　　××餐厅注重菜品的创新与多样性。他们不仅保留了传统的经典菜品，如红烧肉、宫保鸡丁等，还根据市场需求和季节变化，推出了许多新品，如轻食沙拉、低脂汤品等。同时，他们还注重菜品的营养均衡和口味搭配，确保每一道菜都能满足顾客的需求。

2.价格与促销

××餐厅采用了合理的定价策略，既保证了利润，又兼顾了顾客的购买力。此外，他们还经常推出各种促销活动，如满减、折扣、买一送一等，以吸引更多的顾客下单。在特殊节日或活动期间，他们还会推出限定套餐或特色菜品，增加顾客的消费欲望。

3.外卖平台运营

××餐厅选择了多个主流的外卖平台进行入驻，如美团、饿了么等。他们精心设计了店铺页面，包括店铺介绍、菜品展示、顾客评价等，以提升店铺的形象和吸引力。同时，他们还利用平台的推广资源，进行广告投放和排名优化，提高店铺的曝光率和点击率。

4.配送管理

××餐厅与多家专业的配送公司合作，确保配送服务的及时性和准确性。他们建立了完善的订单处理流程，从接单、备餐、打包到配送，每一个环节都有专人负责。此外，他们还定期对配送人员进行培训，提高他们的服务态度和专业技能，确保顾客能够享受到优质的服务。

5.顾客服务

××餐厅非常重视顾客服务。他们设立了专门的客服团队，负责解答顾客的咨询或处理顾客的投诉。同时，他们还通过社交媒体等多种方式，与顾客保持密切的沟通，收集顾客的反馈和建议，不断改进和优化菜品和服务。

6.食品安全与卫生管理

××餐厅严格遵守食品安全法规，从食材采购到加工制作，每一个环节都有严格的监管措施。他们选择品质可靠的供应商，确保食材的新鲜和安全。同时，他们还定期对厨房、餐具等进行清洁和消毒，确保食品的卫生质量。

案例点评：

××餐厅通过一系列精细的外卖运营与管理策略，成功取得了外卖业务的显著成就。其外卖销量持续稳步上升，月复一月，展现出强劲的增长势头。与此同时，顾客满意度也水涨船高，不断刷新着满意度的新纪录。这些成绩不仅为餐厅带来了可观的收益，更通过外卖业务这一渠道，有效扩大了品牌的影响力，吸引了众多新顾客的青睐。

第12章

持续发展
与战略规划

　　餐饮店的持续发展与扩张是一个相辅相成、互为促进的循环过程，它要求深思熟虑的规划、坚定不移的执行和源源不断的创新，以保障餐饮店能够实现稳健的持续增长，进而在竞争激烈的市场中巩固并提升自身的核心竞争力。

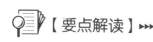【要点解读】▶▶▶ -

1　产品服务升级：不断创新，提升品质

　　通过不断提升产品和服务质量，满足顾客的期望和需求，餐饮店才能赢得顾客的信赖，实现持续发展。对此，餐饮店可在食材选择、菜品研发、服务质量、用餐环境以及顾客反馈等多个方面下功夫。

1.1　提供高品质的菜品

　　（1）精选食材。坚守严格选材原则，确保每一份食材都新鲜、

优质。与可靠的供应商建立长期稳定的合作关系，以确保食材来源的可靠性与品质。

（2）独特风味。致力于研发独特且广受欢迎的菜品，注重口感与营养的完美平衡，以满足不同顾客的多样化口味需求。

（3）持续创新。定期更新菜单，不断推出新菜品，以激发顾客的尝鲜欲望，保持菜品的新鲜感与市场竞争力。

1.2 提供周到的服务

（1）精心培训员工。注重提升员工的服务意识和专业技能，确保他们能以热情、耐心的态度，为每一位顾客提供优质的服务。

（2）高效响应顾客需求。对于顾客的需求和问题，始终保持敏锐的洞察力，迅速响应并有效解决，以此提升顾客的满意度和忠诚度。

（3）个性化关怀服务。深入了解顾客的口味偏好和需求，为他们提供个性化的服务，如精心推荐菜品、调整口味等，让顾客感受到餐饮店独特的关怀和用心。

1.3 注重用餐环境

（1）清洁至上。始终致力于保持餐厅环境的整洁与卫生，让每一位顾客都能在干净、舒适的环境中尽情享受美食。

（2）温馨氛围。精心营造舒适、温馨的用餐氛围，让顾客在繁忙的生活中得以放松，尽享用餐的愉悦时光。

（3）独特装潢。结合餐厅的定位与品牌形象，挑选合适的装修风格与色彩搭配，力求提升餐厅的整体形象，为顾客带来别具一格的用餐体验。

1.4 建立顾客反馈机制

（1）收集反馈。设立顾客反馈渠道，如调查问卷、在线评价等，收集顾客对菜品和服务的意见和建议。

（2）分析改进。对收集到的反馈进行整理和分析，找出问题和不足，制定相应的改进措施，不断优化菜品和服务。

1.5 关注市场趋势和创新

市场趋势和创新是餐饮店持续发展的重要动力。餐饮店需要关注市场动态，了解消费者的消费习惯和喜好，以及竞争对手的情况，以便及时调整经营策略。同时，积极引入新技术、新设备和新理念，提升餐饮店的运营效率和服务质量。

2 品牌建设推广：塑造形象，提升知名度

餐饮店在追求持续发展的过程中，品牌建设和推广是不可或缺的一环。一个成功的品牌不仅能够提升餐饮店的知名度和美誉度，还能吸引更多的顾客，从而推动业务的稳步增长。具体措施如图12-1所示。

2.1 明确品牌定位

首先，餐饮店需要明确自己的品牌定位，包括目标顾客群体、产品特色、服务风格等。这有助于餐饮店在激烈的市场竞争中找到自己的差异化优势，形成独特的品牌形象。

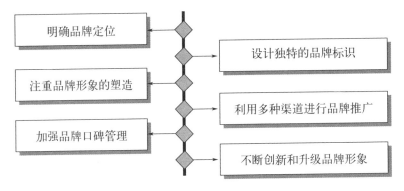

图12-1 品牌建设和推广的措施

2.2 设计独特的品牌标识

品牌标识是餐饮店品牌形象的重要组成部分，包括店名、标识、标语等。这些标识应该具有辨识度和记忆点，能够让人一眼认出。同时，品牌标识的设计也要与餐饮店的定位和风格相契合，形成统一的品牌形象。

2.3 注重品牌形象的塑造

除了品牌标识外，餐饮店还需要通过店面装修、员工形象、服务流程等方面来塑造品牌形象。店面装修应该符合品牌定位，营造出舒适、温馨的用餐环境；员工形象要整洁、专业，展现出良好的服务态度；服务流程要规范、高效，确保顾客能够享受到优质的用餐体验。

2.4 利用多种渠道进行品牌推广

品牌推广需要利用多种渠道进行，包括线上和线下两种方式。

线上推广可以通过社交媒体、搜索引擎优化、广告投放等方式进行，提高品牌在互联网上的曝光率；线下推广则可以通过举办活动、参加展会、与合作伙伴建立合作关系等方式进行，以扩大品牌的影响力。

2.5 加强品牌口碑管理

口碑是品牌建设的重要组成部分，餐饮店需要注重口碑管理。一方面，要提供优质的产品和服务，确保顾客能够满意；另一方面，要积极回应顾客的反馈和投诉，及时解决问题，维护良好的品牌形象。

2.6 不断创新和升级品牌形象

随着市场环境和消费者需求的变化，餐饮店的品牌形象也需要不断创新和升级。可以通过推出新品、优化服务流程、升级店面装修等方式，让品牌形象更加符合市场和消费者的需求。

3 人才培养发展：打造团队，增强实力

餐饮店要持续发展，必须注重人才的培养和管理。通过实施如图12-2所示的措施，不断提升员工的综合素质和能力水平，为餐饮店的持续发展提供有力的人才保障。

3.1 建立完善的人才培养机制

（1）制订人才发展计划。根据餐饮店的发展目标和业务需求，制订长期和短期的人才发展计划，明确所需人才的数量、类型和能

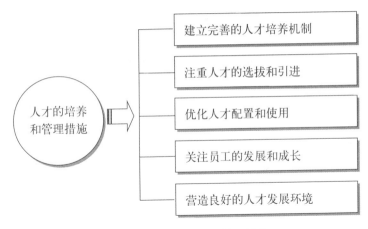

图12-2　人才的培养和管理措施

力要求。

（2）提供系统的培训。组织新员工入职培训、岗位技能培训、管理能力提升培训等课程，确保员工具备完成工作所需的知识和技能。

（3）设立激励机制。通过设立奖励制度、提供晋升机会等，激发员工的学习和工作积极性，促进人才的快速成长。

3.2　注重人才的选拔和引进

（1）拓宽招聘渠道。通过招聘网站、社交媒体、人才市场等途径，积极寻找符合餐饮店需求的人才。

（2）建立人才库。对优秀的应聘者进行记录和跟踪，以便在需要时能够快速找到合适的人选。

（3）加强校企合作。与高校、职业培训机构等建立合作关系，共同培养符合餐饮店需求的专业人才。

3.3　优化人才配置和使用

（1）根据员工的特长和能力，合理安排工作岗位，确保员工能够充分发挥自己的优势。

（2）建立团队合作机制，鼓励员工之间的合作与交流，共同解决问题，提升工作效率。

（3）推行轮岗制度，让员工在不同岗位上锻炼和成长，培养综合素质。

3.4　关注员工的发展和成长

（1）提供职业规划指导。帮助员工制订个人职业发展规划，明确职业目标和路径。

（2）设立晋升通道。建立明确的晋升通道和晋升标准，让员工看到自己的发展前景。

（3）鼓励员工创新。鼓励员工提出改进意见和创新想法，激发员工的创造力和创新精神。

3.5　营造良好的人才发展环境

（1）建立公平公正的用人机制。确保员工的晋升和奖励与个人能力和业绩挂钩，避免主观偏见和不公平现象。

（2）营造积极向上的工作氛围。通过举办团建活动、文化活动等方式，增强员工的归属感和凝聚力。

（3）关注员工的生活和工作平衡。合理安排员工的工作时间和休息时间，关注员工的身心健康。

4 直营连锁拓展：稳健发展，扩大规模

餐饮店在扩张过程中选择直营连锁模式，是一种稳定且高效的发展策略。直营连锁模式意味着所有分店都由总部直接管理和经营，从选址、装修、人员招聘到日常运营，都遵循统一的标准和流程。这种模式有助于确保品牌形象的统一性和服务质量的稳定性，从而增强消费者对品牌的信任感和忠诚度。

在直营连锁模式下，餐饮店扩张的关键步骤如表12-1所示。

表12-1　直营连锁模式扩张步骤

序号	扩张步骤	具体说明
1	制订详细的扩张计划	明确扩张的目标、时间表和预期成果，为后续的扩张行动提供清晰的指导
2	选址与评估	根据品牌定位和市场需求，选择合适的店铺位置。同时，对选址进行严格的评估，确保新店有充足的客流和持续的盈利能力
3	标准化运营与管理	建立统一的运营管理系统，包括产品制作、服务流程、员工培训等，确保每家分店都能提供一致的高品质服务
4	品牌宣传与推广	通过广告、社交媒体、口碑营销等多种渠道，提升品牌知名度和影响力，吸引更多潜在消费者

在直营连锁扩张过程中，餐饮店还需要注意表12-2所示的几个方面。

表12-2　直营连锁模式扩张注意事项

序号	注意事项	具体说明
1	人力资源	随着分店数量的增加，对人才的需求也会相应增长。因此，餐饮店需要建立完善的人力资源体系，包括招聘、培训、激励等机制，确保有足够的人才支持扩张计划

序号	注意事项	具体说明
2	供应链管理	直营连锁模式对食材供应和库存管理提出了更高的要求。餐饮店需要建立稳定的供应链体系，确保食材的质量和供应稳定，同时优化库存管理，降低成本
3	风险控制	在扩张过程中，餐饮店需要密切关注市场动态和竞争态势，及时调整经营策略，以应对可能出现的风险和挑战

5 加盟合作共赢：开放合作，共创辉煌

加盟连锁是指餐饮企业授权给其他经营者（加盟商）使用其品牌、经营模式和技术，加盟商在总部的指导下自主经营门店。

餐饮店扩张通过加盟合作是一种高效且广泛采用的策略，这种模式能够实现品牌快速扩张、资源整合以及风险共担。

在加盟连锁模式下，餐饮店扩张的关键步骤如表12-3所示。

表12-3　加盟连锁模式扩张步骤

序号	扩张步骤	具体说明
1	明确加盟策略	首先，餐饮店需要明确自己的加盟策略，包括加盟对象的选择标准、加盟费用结构、合作期限以及双方的权益保障等。这些都需要在加盟合同中详细规定，以确保双方的利益得到保障
2	品牌建设和优化	加盟合作的本质是品牌的复制和扩散。因此，餐饮店需要在加盟前对品牌进行充分的建设和优化，包括品牌形象设计、产品研发、服务流程标准化等。只有具备强大品牌吸引力的餐饮店，才能吸引更多潜在的加盟商

序号	扩张步骤	具体说明
3	加盟商筛选与培训	选择合适的加盟商是加盟合作成功的关键。餐饮店需要对加盟商进行严格的筛选，包括对其资金实力、经营经验、商业信誉等方面的评估。同时，还需要为加盟商提供全面的培训，包括产品制作、经营管理、市场营销等方面的知识和技能
4	供应链与物流支持	加盟合作需要餐饮店提供稳定的供应链和物流支持，包括食材采购、库存管理、配送服务等环节，确保加盟商能够获得及时、高效的支持
5	监督与指导	在加盟合作过程中，餐饮店需要对加盟商的经营情况进行定期的监督和指导。这有助于确保加盟商能够按照品牌标准进行经营，提升品牌形象和市场竞争力
6	风险管理与控制	加盟合作也存在一定的风险，如加盟商经营不善、品牌侵权等问题。因此，餐饮店需要建立完善的风险管理机制，包括制定风险应对策略、加强知识产权保护等，以降低潜在风险

 案例分享

某知名中餐连锁餐厅自开业以来，凭借其独特的菜品、优质的服务和创新的经营模式，迅速在餐饮市场中崭露头角。经过数年的不懈努力，该餐厅已经成功实现了持续发展与扩张，成为消费者喜爱的中餐品牌之一。

1.初创阶段：精心打造核心产品与品牌特色

在初创阶段，该中餐连锁餐厅注重打造核心菜品并确立品牌特色。通过深入研究传统中餐文化，结合现代消费者的口味需求，研发出了一系列独具特色的菜品。同时，注重食材的选择和烹饪工艺的精细化，确保每道菜品都能呈现出最佳口感和营养价值。此外，该餐厅还注重店面装修和服务质量的提升，营造出舒适、典雅的就餐环境，为消费者提供优质的用餐体验。

2.直营连锁扩张：标准化管理与品牌复制

随着品牌知名度的提升，该中餐连锁餐厅开始实施直营连锁扩张战略。在扩张过程中，该餐厅注重标准化管理，确保每家分店都能提供一致的高品质服务。通过制定详细的运营手册和操作规范，对员工的招聘、培训、绩效考核等方面进行了统一规定。同时，建立统一的食材采购和物流配送体系，确保食材的质量。此外，该餐厅还注重品牌形象的统一，从店面装修、标识设计到服务流程都呈现出鲜明的品牌特色。

3.加盟合作：快速扩张与资源整合

为了进一步加速扩张步伐，该中餐连锁餐厅开始尝试加盟合作模式。在加盟合作中，该餐厅注重加盟商的筛选和评估，确保加盟商具备经营中餐厅的基本素质和能力。同时，为加盟商提供全面的支持，包括店面选址、装修指导、产品供应、市场推广等方面，帮助加盟商顺利开业并取得成功。通过加盟合作，该餐厅实现了品牌的快速扩张和资源整合，进一步提升了品牌影响力和市场份额。

4.持续创新：菜品研发与营销策略

在持续发展与扩张的过程中，该中餐连锁餐厅始终注重创新。在菜品研发方面，不断推出新口味、新菜品，满足消费者的多样化需求。同时，关注市场动态和竞争态势，及时调整经营策略，以保持品牌的竞争力。在营销策略方面，该餐厅利用线上线下多种渠道进行宣传推广，包括与知名博主合作、举办促销活动、推出会员制度等，吸引更多消费者的关注和参与。此外，该餐厅还注重与消费者的互动和沟通，通过收集消费者的反馈和建议，不断改进菜品口感和优化服务质量。

案例点评：

这家知名的中餐连锁餐厅，凭借对核心产品与品牌特色的精心雕琢，直营连锁的稳健扩张与高效标准化管理，加盟合作的深度拓展与资源整合，以及持续创新与营销策略的精准执行，成功铸就了持续的发展与扩张之路。其品牌价值因此显著跃升，深深烙印在消费者心中，成为中餐界的知名品牌。与此同时，市场份额的稳步增长，也使其在中餐市场稳坐领导者之席。此外，餐厅屡获殊荣，多项行业奖项和荣誉的加持，更是对其品牌实力和市场地位的坚实证明。